翻轉學

翻轉學

小大人的理財素養 **2**

漫畫圖解

# 未來不為錢煩惱的
# 致富養成記

從小建立正確理財觀，
投資屬於你的美好人生

江季芸／著　郭侑菱／繪

# 目 錄

## 第 1 章　忙得團團轉的每一天

## 第 2 章　從經濟困境裡跳脫出來

## 推薦序
# 秉持正信正念，人生才會充滿「正財」

—— 羊咩老師，高中國文老師、作家

　　我是個高中老師，學生在高二選文理組之後，幾乎都會出現偏重文科或理科的傾向。

　　有人擅長數理，有人傾心人文社會，這都是好的。但我會一直提醒同學，不管你未來選哪個科系，選擇哪條跑道，有 2 項學問，多少都要接觸些：一是法律，稍微懂得基本法律，才能保障自身權益；二是理財，越早學會理財，才能及早規劃自己的職涯。

　　市面上理財書很多，理財大師比比皆是。但如果我要推薦給我的學生，甚至是年齡更小的國小生一本理財入門書，我一定會推薦江季芸老師的這本《未來不為錢煩惱的致富養成記》。

　　原因很簡單，因為江老師這本書，並不只是教你投資，錢滾錢、利滾利──等等，你說，不賺錢那還要讀

什麼？

　　這就是盲點了，我們一般多想著如何「賺錢」，卻沒想過，賺到了錢，該怎麼「守財」、「持財」。

　　短期炒作賺的錢，來得快，去得也快。不義之財更是給自己埋下未爆彈──這些錢財守不長久，所以我們常看到身邊有人短期炒作致富，最後又一夕賠光。

　　眼見他樓起樓塌，為何樓塌得那麼快？關鍵，就在於「地基」。

　　江老師這本書，就是從地基開始。不同於一般的理財書，江老師先從正確的生活態度開始談起：負責任、釐清欲望、自律、斷捨離的日常整理、長遠規劃，從學生時代是否自我投資，努力爭取到公立大學（減輕學貸），到出社會的每一筆儲蓄。

　　正財取之有道，只有正確的生活價值觀，才能幫你長久且圓滿地儲蓄第一筆投資基金，然後逐漸踏上以錢賺錢的投資之路。

　　江老師點出太多人的消費盲點，或者，該說「人生盲點」——短視近利、眼高手低，最終讓自己成為被胡蘿蔔牽著走的驢子，辛苦半生，依舊勞苦奔波。

　　如果可以，我會希望自己在學生時代就讀到江老師這本書，讓我更早擁有長遠規劃、有效儲蓄的概念；但現在，我想我還能讓年輕一代，早些讀到這本書，減免他們未來繞遠路的風險。

　　**有正確的價值觀，才會有圓滿的生財之道。**我很高興看到這一本理財書，江老師不只談理財，一個正信正念的人，在圓滿自己人生之後，還能發心寫書，成就他人從輪迴無盡的金錢追逐地獄中解脫，這本理財書的背後，是深深的慈悲。

**推薦序**
# 培養以終為始的理財思維

—— 宋怡慧，新北市立丹鳳高中圖書館主任


　　一般人都知道理財的 2 大支柱就是 ——開源和節流，但要怎麼做？如何做？做什麼？看似簡單的理財觀念，對青少年而言都是空中樓閣，難以企及，更遑論一般人對於理財的觀念其實都很薄弱。

　　由暢銷理財作家江季芸老師所寫的《未來不為錢煩惱的致富養成記》，彷彿迷霧中的燦光，她以圖文書的形式，透過漫畫事例，輔以理財素養的概念，親手為青少年、家長們打造出適合全家共讀的《小大人的理財素養》系列書。

　　本書是系列第 2 集，讓我們的理財知識進一步躍升，不只引領讀者建立正確的理財信念，同時，也利用思辨力去建立健全的金錢觀，讓讀者提早把理財的議題規劃到自己的人生清單。

未來，如果你只想依靠一份薪水來保障自己的「歲月靜好」、「現世安穩」，這可能是天方夜譚了。唯有財富自由，未來人生的選擇才會寬闊無虞。

當你擁有了財富，你的人生才有機會更自由。但是，想要怎樣優渥的生活，你就得學會怎麼穩健理財。因而，作者江老師提出：「想要變富有，你必須知道你的金錢到底往哪些方向流動。」不僅暖心又專業地為青少年量身訂做一個「致富組合」，也幫助我們培養長遠的理財眼光，讓我們更能掌握重要的理財知識和技能。當我們從書中學得越多，未來在投資理財的決策上就能做得越好。

這本向下扎根的理財書，以國中二年級的小軒為主角，口吻十分接地氣，深入淺出地和讀者娓娓道來投資理財觀，內文設計親民易讀，便於按圖索驥找到自己的理財方針。原來，**擁有以終為始的理財思維，才能為自己擘劃一個永續發展的理財系統和財富圖像**。

本書還有一個最大的特色是，利用一則則寓意深刻的漫畫故事，讓孩子們理解：每一個理財觀念，小至影

響金錢挹注的形式，大至奠定人生的態度。我們可以從理財談人生的取捨、需要與想要，讓自己真正透視理財的系統，才可以避免「賺越多，花越多」的無限循環。

「錢四腳、人兩腳」，想要變成有錢人，光是有勇無謀地胡亂「努力」，是無法看到累積的理財奇蹟。投資大師查理‧蒙格（Charlie Munger）曾說：「簡單化（Simplicity）可提高績效，因為能讓我們更加理解正在做的事。」江老師的理財書幫助我們輕鬆掌握理財目標、衡量理財規劃，以及評估可投資的多元面向，讓我們學會「務實」，成為一位優質的財富釣者。

金錢有價，時間無價，理財從小開始，我們就能擁有一個穩賺不賠、內外皆美的富裕人生。

# 「不為錢煩惱的未來」，是可以做到的未來！

—— 陳怡嘉，教師、作家、金石堂愛書大使

能夠認識江季芸老師，讀到她的著作，都是極為幸福的事！

和江老師相識緣起於她來聽我的演講，而後她更是報名了我所開設的課程。待《自律學習力》出版後，江老師連夜拜讀，為我寫了誠摯動人的推薦文，還親自買了數十本書送親友，希望國高中階段的孩子們都能調整學習心態，開始正視自己的未來。

江老師為我的台北新書分享會站台，不為自己，只為利他的真心，而幽默風趣的口才讓人印象深刻；參與我的新書路跑活動，當大家的隊長與開心果；她教導我如何發文，關心我的銷售成績；此外，更主動擔任我台中分享會的主持人，除了辛苦載著我往返，身為行銷大師的她更用力推書，讓買氣強強滾！

除了這些活動，江老師也是我的人生導師，在她的分享中，我深刻體會到她的智慧和善良。她的智慧源自不斷學習，不論做人處事或投資理財，都是謙虛努力下的實踐成果！

　　江老師的善良源自於她能體察人情世故，對大家在理財上的痛處感同身受，因此願意將自己的經驗化為分享，而且是以最簡單、最接地氣的方式，讓大家記得住又做得到。這些是江老師的為人特質，而我深信，作者的特質會影響作品的深度和高度。

　　在這本書出版前，她就告訴我，我看完後一定會很感動，因為我們就像雙胞胎，彼此的書只是從不同角度切入，但心意是一致的！待有幸拜讀完作品後，我終於明白江老師所說的一切。

　　本書中的故事就像我小時候的成長背景，爸媽刻苦而辛苦，一心只想給孩子最好的教育；孩子懂事奮發，一心想努力突破人生瓶頸，換來讓父母無憂安慰的生活。

　　源於這樣的心意，以及希望「讓每個善良的人都變有錢」的初衷，江老師深刻體察人們為金錢所苦的無奈。江老師不願看見貧窮或錯誤的金錢觀念世代沿襲，期盼讓我們的下一代，能從小就明白金錢的價值、父母的不易，進而懂得感恩珍惜，並藉由學習和實踐去創造更好的人生。

　　江老師說，讀《自律學習力》時就非常希望每個孩子或父母都有機會讀到這本書，讓生命藉由學習獲得改變。現在，這也正是我熱切的心情！我無比期盼更多人都能讀到這本《未來不為錢煩惱的致富養成記》，並且傳承下去。

　　金錢是無法逃避的日常，如何運用金錢則是每個家庭都必須面對的重要課題。我相信「不為錢煩惱的未來」是可以做到的未來，願這本好書可以廣為人知，讓每個人都能因此擁有富足人生，發揮更多利他精神，讓世界更好！

**作者序**

# 從小懂得投資自己的未來，終結貧窮世襲

　　記得在好多年以前，我與一位富有的長輩聊天時，他突然說了一句話：「**貧窮是會世襲的。**」當時，我的內心感到無比震驚，也不解他怎麼會講出這麼冷酷又殘忍的話呢？直到這幾年，我開始學習投資理財，也大量閱讀鑽研各種財務知識後，才逐漸體會「貧窮會世襲」這句話的涵義，乍聽之下很諷刺，其中卻存在某些道理。

　　猶太人可謂是全世界最富裕的民族，猶太父母從子女年幼時，便開始在日常生活中施予理財教育。諸如怎麼辨識錢幣、金錢擁有購買商品的力量、如何看懂商品的價格標籤、如何識破廣告背後的誘惑、如何在想要和需要之間進行取捨、如何不讓欲望膨脹，以及延遲消費等。除了要善用每一分錢，甚至還要設想如何利用這一分錢去賺取更多金錢。

　　為了能真正實踐這些金錢觀念，猶太父母甚至在給

小孩零用錢之後，以 5 個罐子的方法來教導他們如何管理金錢，類似編列預算的概念：第 1 個罐子，把錢歸到神的府庫；第 2 個罐子，把錢拿來奉獻；第 3 個罐子，把錢儲蓄起來；第 4 個罐子，把錢拿來投資；第 5 個罐子，把錢拿來消費。這些財務知識在一代又一代的傳承下，猶太民族的財富得以不斷地增長。

反觀台灣的社會，談論金錢經常被認為是一件低俗的事。在一般家庭中，父母雖然不一定會和子女討論金錢的議題，但是很多孩子卻從小看著父母被錢追著跑、為錢煩惱，甚至為錢爭吵的畫面。

有些父母急欲改善家裡的經濟狀況，但礙於缺乏財商觀念，始終不得其門而入。有些父母不希望子女步上自己的後塵，也因為缺乏這類的知識與經驗，不知道從何教起。在學校，關於金錢教育的主題著墨不多；在家庭，也普遍欠缺金錢觀的教養，在如此環境下成長的孩子，又怎能期待他們長大後變有錢呢？

猶太人之所以富裕，並非父母直接給他們一筆財富，

而是父母及整個猶太民族從小便開始灌輸子女財務知識。我們國人的智商並不亞於猶太人，但因為**我們的成長環境缺乏這類的養成，導致我們沒有建立為自己創造財富的能力。**比較二者的差異後，我終於了解「貧窮會世襲」的原因了。

基於這樣的沉痛感慨，我迫切想要為我們的下一代，撰寫出一系列簡單、易懂、接地氣的財務智商（Financial Quotient, FQ）書籍，並且符合小孩不同成長階段的實際需求與生活情境。

《小大人的理財素養 1：跟著晴晴學生活理財》，便是以小學生為對象，搭配 108 課綱學習主題，所設計出來的故事型讀物，讓孩童們用輕鬆有趣的方式，從小開始學習如何存錢、用錢、賺錢，成為富小孩。而本書《小大人的理財素養 2：未來不為錢煩惱的致富養成記》，則是要**啟發青少年階段的學生，建立正確的理財觀念，開始投資自己的未來，讓自己能夠實現夢想，擁有精采美好的人生。**

　　誠摯期盼想要改變的家長與學生，以及過去沒有機會學習投資理財觀念的人，一起翻開這本書，探索致富的祕密！

# 漫畫出場人物介紹

**小軒**

國中二年級生，個性體貼，
對未來要做什麼有些迷惘。

**小軒媽媽**

努力兼顧家庭和工作的上班
族，為了孩子們的健康，每
天晚上都會下廚。

**小軒爸爸**

上班族，個性忠厚，身材微胖，最近
的煩惱是物價上漲、薪水卻不漲。

**小琪**

小軒的妹妹，國小五年級生，
天真活潑，喜歡和哥哥鬥嘴。

**倉鼠**

小軒家的寵物，
長得圓滾滾，兩頰
裡總是鼓鼓的。

**阿睿**

國中二年級生，小軒的同班同學，
個性陽光樂觀，喜歡運動。

**阿睿媽媽**

個性親切，在上市公司擔任會
計部主管，擅長理財和投資。

**宇智**

小軒和阿睿的同班同學。

**冠傑**

小軒和阿睿的同班同學。

# 忙得團團轉的
# 每一天

## 01　多數人總是賺越多，花越多

　　從小到大，父母和老師總是說要努力讀書，以後才能考上好學校、找到好工作。大學畢業後，只要進入一間好公司，擁有穩定且待遇高的薪水，持續認真工作就能升遷、升官，薪水也會持續增加，未來一輩子的生活就會很安定、很有保障。

　　當我們終於從大學畢業，領到人生中第一份薪水時，內心會很喜悅、很有成就感，原來自己有能力賺錢了。自己賺來的錢可以自由支配，再也不用受父母規定、限制，自己作主的感覺真棒！以前想買但沒錢買的商品、最新流行的產品、朋友有的東西，一樣也不能錯過。在「小孩才做選擇，大人當然全都要」這句網路流行語的洗腦下，每當面臨想擁有的東西時，便在心裡對自己說：我已經是大

人了，我要盡情享受人生，想要的東西就全部買下來！

電視節目、網路影片、街道上、百貨公司裡充滿五花八門的廣告，隨時隨地都有各種欲望刺激著你，而你照單全收、不停地花錢消費，卻在某一天突然發現，銀行帳戶裡的金額怎麼越來越少？信用卡費、電話費……各式各樣的帳單蜂擁而至，月初收到的薪水隨著支出一點一滴減少，到了月底，餘額幾乎歸零，才驚覺自己陷進「入不敷出」的狀態。

因為擔心錢不夠用，在沒有錢的壓力之下，只好拚命工作、加班。等到下個月領薪水，戶頭一時間又有很多錢了，結果，在欲望的誘惑下，忍不住買了更多東西，把之前的擔憂丟到一旁。本來以為花更多時間工作、賺更多薪水，就會變得更有錢，實際的狀況卻是「賺越多，花越多」，生活甚至會一不小心落入「工作→賺錢→花錢→工作→賺錢→花錢……」的無限循環（見圖表 1-1）。所以，你可能時常聽到大人感嘆，每天忙得團團轉，卻不知道自己在窮忙什麼，日復一日過著同樣的生活。

多數人剛開始投入職場時都滿懷熱情，期望努力打拚後，有朝一日能升官發財，退休時能領到一筆豐厚的退休

工作　　領薪水　　把錢花光

工作　　領薪水　　把錢花光

圖表 1-1 「賺越多，花越多」的無限循環

金，安享晚年。然而，隨著時間年復一年地過去，有些人會慢慢發現，自己其實並不是在為自己工作、為自己賺錢，而是在為別人工作、為別人賺錢。

　　為什麼會這樣呢？因為雖然上班領到了薪水，但大部分獲益都是給了公司和老闆；雖然買到了東西，但其實是將錢付給商店；雖然買了房子和車子，但貸款和利息其實是在幫銀行賺錢；薪水雖然會隨著年資增加，但同時，要繳給政府的稅金也增加了，有更多錢從自己的戶頭轉移到

政府的公庫（見圖表1-2）。有些人把賺到的錢都付給別人，卻沒有留任何錢給自己，不管工作多久，口袋仍空空如也。

日子一久，這些人滿腔的熱情便慢慢消失了，因為他們發現無論自己多麼努力，想要變有錢人的夢想似乎永遠遙遙無期，**自己就像一隻在滾輪上奔跑的倉鼠，跑得再快、再久，依舊停留在原地。**

那這隻倉鼠為什麼不停下來休息一下呢？因為一旦休息、請假，就會沒有薪水，沒有薪水就無法支應生活的開

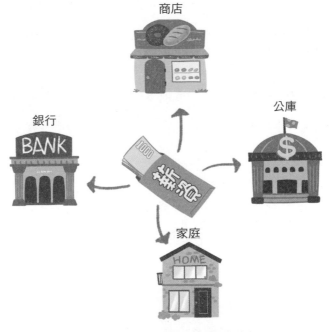

圖表 1-2　**薪水的去向**

銷。演變到最後，他們為了錢而不得不工作，所以，有些人每天看起來無精打采、有氣無力，工作只是為了養家活口。回想年輕時追求夢想、一展長才的願景，如今都已成為過眼雲煙，令人不勝唏噓。

## 02 只要有工作，就不用擔心未來？

　　一般人都希望擁有一份安穩的工作，薪水可以逐年增加，職位也能步步高升，一輩子就能過著安定的生活，這就是所謂的「工作保障」。

　　一份穩定的工作收入看似很有保障，但這樣的保障其實是很脆弱的，例如：當你生病了，或是家中發生事情，只要請假了便沒有薪水。或是像 2020 年之後，新冠肺炎（COVID-19）疫情打擊全球經濟，許多企業營運受到影響，有的公司裁員、有的員工放無薪假，不少人頓時失去工作，也失去收入。此外，如果個人工作表現不佳，也有可能被降職、減薪，甚至被資遣、解僱。

　　上班族的主要收入來自於薪水，當全家人的生計完全仰賴一份工作時，薪水的多寡便會影響生活的品質，接著，

爸爸意外住院　　　　　疫情下公司倒閉　　　工作表現差被開除

圖表 1-3　　突然失去收入的情況

只能任憑金錢操控，讓金錢主宰你的生活。如果為了錢而
工作，並且試圖從老闆、公司身上尋求保障，只會變得更
擔憂害怕，你可能會變得過度依賴這份工作，即使不喜歡
工作的內容，也不敢任意換公司，結果只能繼續做著討厭
的工作，過一天算一天。

　　俗語說：「靠山山會倒，靠人人會跑。」我們必須認
知到一個事實，沒有任何人可以給我們百分之百的保障，
我們的保障必須來自於自己，也就是說：我們必須學習如
何在自己身上建立保障。

# 第 2 章

# 從經濟困境裡
# 跳脫出來

人們以為有錢就能買到快樂，可是當錢花光了，快樂的感覺就消失了，擔憂和恐懼再度浮上心頭。

很多人以為加薪、賺更多錢就能解決問題，但各式各樣的花費支出，一樣會讓金錢一去不復返。

花錢 ← 賺錢 ← 工作 → 賺錢 → 花錢 ← 工作

呃……

恐怖輪迴……

有些人沒發現自己已經被擔憂和欲望控制，對金錢的焦慮感，讓他們這輩子陷入了工作→賺錢→花錢→工作→賺錢→花錢……的無限循環模式。

阿姨說的這些，聽起來好殘酷無情，但不得不承認，我爸媽就像是滾輪上不停奔跑的倉鼠。

太慘了……

嗷嗚

## 03 改變自己最快，也最有效

　　如果想彈奏出優美的鋼琴旋律，無可避免的，必須要花時間練琴。如果想要減肥，少吃再加上多運動是最基本的方法。也許有人會說，哪需要這麼麻煩，吃減肥藥快速又輕鬆。但是，減肥藥可能會對身體造成隱形的傷害，而且一旦停止吃藥，肥肉很快又會找上來。依靠外力的效果總是不持久，靠自身規律的維持才最有效果。

　　同樣地，**如果你想要變成有錢人、擁有財富自主的能力，光靠幻想是無法實現的，我們需要學習正確的財務知識，並且身體力行，唯有把這些知識真正實踐到日常生活中，才有辦法達到你的目標。**

　　現在的社會越來越競爭，環境越來越艱困，大家的壓力越來越大，要過上富裕生活越來越不容易。如果期望雇

主和政府為我們負起責任，妄想這輩子由別人為我們提供保障，把命運交給別人主宰，這種做法其實風險很高。

與其抱怨父母、抱怨出身、抱怨公司、抱怨政府、抱怨制度、抱怨老天爺不公平，不如認清個人無法改變資本主義與現行經濟制度的事實。既然我們無法改變它，解決的辦法就是去了解經濟的運作方式與遊戲規則，面對它，而不是逃避它，順應現在的環境來抓住機會，為自己創造財富。

如果可以不再把所有問題都怪罪於別人，不再把自己當成受害者，靜下心來思考到底哪邊出了問題，然後去學習、去改變，以後就能以不同的角度來看待世界，人生會變得更開闊，處處充滿希望與機會。**改變別人、改變環境很困難，但是山不轉路轉，改變自己是最快速也最有效的。**

## 負責任，是回應問題的能力

許多人一聽到「負責任」這三個字，就覺得壓力很大，能閃就閃、能躲就躲。「責任」的英文是「responsibility」，是由「response」（回應）和「ability」（能力）這兩個

單字所組成的。其實，責任是指當你遇到某個狀況時，你決定用什麼樣的方式去回應，你可以付出什麼能力去處理這個狀況。

例如：出門旅遊卻遇到下雨天，你要唉聲嘆氣、悶悶不樂一整天？還是準備好雨具、享受雨中的美景呢？或者，當你發現付不出信用卡的帳單時，你會怎麼做？你是否願意正視自己造成的財務困境，停下來思考究竟是哪裡出了

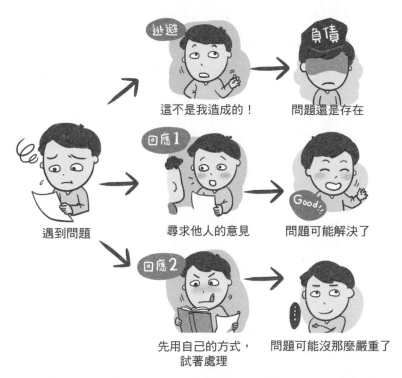

圖表 2-1　遇到問題時，「逃避」和「回應」帶來的結果

問題？是不是你過度消費，買了太多自己負擔不起的東西，因而導致每個月深陷入不敷出的惡性循環？

然後，你要開始去回應這個問題，盡自己的能力去處理它，練習每次購物前都要仔細評估，試著去過量力而為的生活。**當你拿出負責任的態度，採取具體的改善方法，問題往往可以獲得解決；有些問題雖然不能馬上解決，通常也都能獲得一定的進展，不會讓情況越來越糟。**

多數人都希望過上自由自在、無拘無束的富裕生活，遇到問題時卻習慣推卸責任、怪罪別人。當你遇到問題時，你可以先想想有哪些可行的回應方式，以及不同的回應方式分別會產生什麼樣的結果。你的回應方式是「因」，它將會造成一個對應的「果」，未來得到的「果」會是你喜歡的、你想要的、甚至是你願意承受的嗎？

**當你明白自己所做的每一個因都會產生一個對應的果，並且願意為每個因果負起責任時，就能夠拿回自己的命運掌控權。**自由不會平白無故從天上掉下來，自由是需要付出代價的，但是，當你願意開始為自己的人生負起責任時，你就自由了。

## 04 普通卻最穩定的 2 大致富組合

　　努力賺錢，讓家人擁有更好的物質享受與生活環境，過著幸福快樂的日子，這是多麼美好的畫面。然而，這個畫面的背後，卻隱藏著無窮的消費欲望，以及錢不夠用的擔憂。我們以為只要賺到更多錢，缺錢的問題就會迎刃而解，但是，當我們的收入增加時，支出通常也會跟著水漲船高，錢不夠用的問題反而越來越嚴重。於是，這幅畫面中的主角，展開了追著錢跑、又被錢追著跑的戲碼，精疲力竭直到劇終。

　　為何有那麼多人終其一生被困在財務的滾輪裡、無法逃脫呢？**不是因為他們不夠勤奮、跑得不夠快、跑得不夠久、或賺的錢太少，而是因為他們支出的錢太多。**他們一賺到錢，便急著把錢繳給別人，左手進、右手出，讓自己

成為一個努力賺錢的過路財神。**最重要的是，他們沒有把一部分的錢儲蓄起來、留給自己，就算有把錢存起來，也忽略了要把錢拿去投資，為自己累積能夠創造財富的資產。**他們只會讓錢從錢包流出去，卻不知道除了能透過工作賺錢，也能透過投資讓錢流進錢包裡。**想要變富有，你必須知道你的金錢到底往哪些方向流動。**

巧婦難為無米之炊，無可諱言的，沒有錢就不會變成有錢人，所以我們還是必須從認真工作賺錢開始，有機會的話也要積極拓展更多的收入管道。沒有錢就沒辦法儲蓄和投資，當你有更多錢的時候，就能有更多的錢去儲蓄和

**圖表 2-2　必要的支出 vs 非必要的支出**

投資，所以，你要開始審視自己把錢花到哪些地方，減少不必要的花費，練習把錢花在刀口上。一旦支出減少，第一步就先改善了入不敷出的問題，接下來就有多餘的錢可以拿來儲蓄和投資，朝財務自主的目標前進。

「開源＋節流」及「儲蓄＋投資」，看似普通，卻是穩定有效的兩個致富組合。**只要賺越多、花越少、儲蓄越多、投資越多，你的財富就會逐漸增加**，在這過程中，複利效果甚至還會讓你的資產倍增。**持續學習，培養良好的金錢管理知識，妥善安排金錢的用途，當你未來過著夢寐以求的財富自主生活，你將會感謝自己過去的付出與堅持，感到這一切的辛苦都是值得的。**

在別人享樂的時候，你反而踏實工作、節約消費、儲蓄投資；有朝一日，當別人還需要為五斗米折腰時，你已經擺脫倉鼠跑滾輪的輪迴，有能力選擇自己想要的生活，成為一個自由自在的富翁。

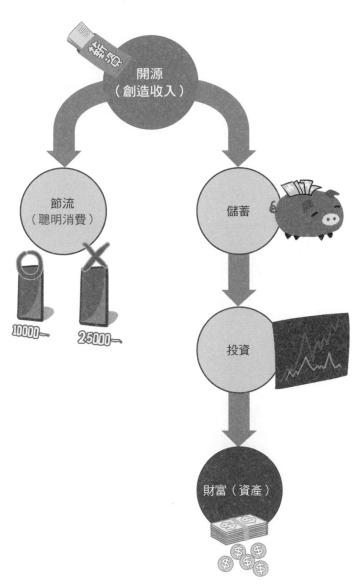

**圖表 2-3　致富組合**

# 第 3 章

# 為自己創造收入吧！

## 05 你想成為怎樣的大人？

　　只有少數人畢業後可以立即創業或是成為自由工作者，多數人通常循規蹈矩，找一份正職工作來維持生計。

　　學校教育培訓出工程師、教師、律師、醫師、護理師、廚師、會計師、美容師、美髮師、技師、行銷人員、業務人員、保全人員、財務人員、行政人員、餐飲人員、觀光人員、消防員、警察、清潔員、作業員、運務員、技工等各種人才。**我們國家也需要國民積極投入就業市場，透過大家的專業分工與合作，生產出滿足食、衣、住、行、育、樂等日常生活所需的商品與服務。唯有人盡其才，企業方能正常運作，國家經濟才能蓬勃發展。**

　　對於剛畢業的社會新鮮人來說，找一份正職工作有很多優點，例如：學習工作所需的職能技巧、了解企業的組

織架構與運作模式、培養人際互動的能力、循序漸進地適
應職場生活、享有勞健保與公司福利，最重要的是，可以
很快就領到穩定的薪水，然後開始進行賺錢、儲蓄、投資
的計畫，邁向經濟獨立、財富自由的目標。

我們經常會發現一些大人，每天抱怨工作無趣、入錯
行業，抱怨公司、老闆、同事，抱怨薪水低、福利差、客
戶難搞，一切都是別人的錯，這份工作在他們眼裡乏善可
陳、一點價值都沒有。他們很想要換公司或產業，卻苦無
跳槽的機會，有些人甚至越跳越糟，但為了謀生只好忍氣
吞聲、意志消沉。

他們消極地做一天算一天，恨不得退休日早點到來，
領到退休金後，就趕快打包走人。在安逸的心態下，工作
能力沒有跟著年資成長，偏偏大環境越來越差，公司經營
越來越困難，於是擔心公司倒閉，擔心被減薪、資遣、解
僱，深怕哪天薪水沒了，退休金也泡湯了。

## 想想你是誰

相信你一定聽過這類例子，你應該不希望自己有朝一

日也變成這樣吧？如果不想成為這樣的大人，首先，你可以開始思考：自己的個性和特質是什麼？你嚮往什麼樣的生活？什麼樣的事物最能引發你的興趣？螢光幕上或身邊有哪些人物是你很欣賞、喜歡的類型？你想要變成什麼樣的人，從事什麼樣的工作？

　　首先問自己「who」（誰），你究竟是一個什麼樣的人？靜下心來想想看，過程中也許你的答案會不斷改變，沒有關係，你必須常常問問自己。

　　接下來，進入到「what」（什麼），也就是你應該做哪些準備才能實現願望？例如：上網瀏覽 104 人力銀行這類求職網站，研究有哪些企業與職務類型符合你的興趣，這些工作需要哪些科系的畢業生，是否需要考取證照、通過檢定、累積工作經歷或實習經歷等。然後，再看看哪些大學有開設符合需求的系所，它們的入學條件和規定。

　　在學生時期，就可以有計畫地把你想要就讀的大學科系及企業職缺資格，循序漸進地準備好。只要是你真正喜歡的、有興趣的事物，你就會充滿熱情，即便遇到困難，也會想辦法去解決。

最後是「how」（如何），要如何實現你想要的人生呢？有些人主張，達到工作與生活平衡的方法，就是把工作和興趣徹底分開來，白天工作、晚上享樂。這種一分為二的生活方式，只會讓工作成為一種賺錢的工具。每天早上一想到必須起床去工作，心就好累，如果下班後無法代謝一整天的工作壓力，漸漸地就會產生職業倦怠症。

因此，如果能在求學階段早點立定未來的人生方向，找到跟興趣及休閒活動有交集的工作，就不用把興趣和工作切割開來，除了可以享受工作的樂趣，還能賺錢！

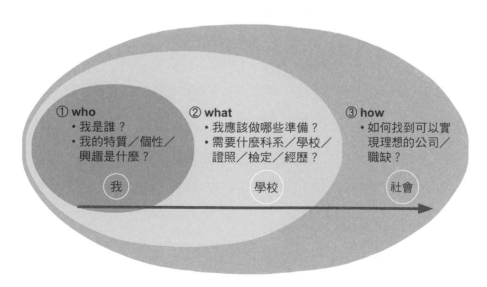

圖表 3-1　思考未來目標的 3 階段

## 06 學歷文憑重要嗎？

　　有人說學歷文憑很重要；有人說學歷文憑不重要，實力才重要。我們來實際比較一下畢業後的工作收入及大學學費，大家再自己判斷，學歷文憑究竟重不重要。

　　為什麼我們會把剛從學校畢業、準備投入就業市場的學生稱為「社會新鮮人」呢？因為這群剛踏出校門的學生，在工作方面的經歷如同一張空白的紙，企業的人事單位無法從過往工作經歷去評估他們的能力，此時，畢業證書、求學經歷、就讀的學校與科系，便成為佐證他們資格的重要線索與資訊來源。

## 隱藏在學歷背後的事

如果畢業自名校，而且在學成績優異，代表此人具備認真努力、且願意為個人學業負責任的特質，可以推斷他將來進入職場後，責任感應該會比同年齡的人還高，抗壓性應該也不錯，未來在工作上的表現應該不會過於散漫或不積極，這也是為什麼企業經常將學歷與在校成績拿來做為錄用的評估指標。

因此，在名校與好成績光環的加持下，就會有更多面試機會、更多工作選擇權，也更容易進入薪水高、福利佳、環境好的大公司。**雖然就讀名校不能100％保證錄取理想中的工作，但不妨把它當成一份「就業保險」，讓自己的履歷有機會被更多好公司注意到，就有機會在眾多的應徵者中脫穎而出。**

此外，大家很容易忽略一件事：相較於私立大學，政府分配較多的補助經費給公立大學。在公立大學就學的學生可以享受更好的資源與環境，所以能發揮事半功倍的學習成效。

過去在名校畢業的學長姊們，在各行各業已經位居要

職，也比較願意提拔同校的學弟妹，因此，公立大學的學生不僅比一般社會新鮮人有更多機會在好公司卡位，未來在升遷與職涯發展上，相對來說也會更順利。在這些無形的人脈資源加持下，產生的優勢與助力就如同滾雪球般越滾越大，對將來的職涯發展形成顯著的複利加成效果。缺乏這類資源的社會新鮮人，在職場上必須要花費更多時間與努力，才有辦法縮短持續擴大的差距。

雖說畢業證書通常只有在應徵前幾份工作時很重要，隨著時間的流逝，畢業證書的光環會逐漸褪色，變成以個人實力做為主要考量，但每個人都必須從第一份工作開始找起，每個人都勢必會經歷被檢視學歷的時期。在跳到比較好的公司或工作之前，你依然需要先度過第一份工作的

面試機會　　　　大型企業的　　　　人脈資源
　　　　　　　　錄用基準

**圖表 3-2　學歷背後的隱性優勢**

歲月。如果你因為文憑不佳，只能找到待遇比較差的第一份工作，就得先忍受領數年低薪，同時還要努力累積工作實力以及建立專業形象，未來才有機會轉換到條件更好的職場。

## 省下來的學費，也是你的優勢

根據教育部高等教育司的統計資料，私立大學的學雜費金額大約是公立大學的 2 倍，以就讀 4 年為計算，總共就是 8 學期的學雜費，累積下來的金額差距頗為驚人。雖然政府已經推出私立大專院校學生補助學雜費的方案，但就讀私校的費用還是高於公立學校。如果學雜費是由父母支出，就讀公立大學者的父母每個學期都可以節省不少金額，若把這些錢都妥善地拿去進行投資，在複利效果的加成之下，4 年下來將能夠創造出一筆不可小覷的財富。

對於家庭經濟弱勢、必須辦理就學貸款的學生來說，就讀公立大學的貸款金額低於私立大學，當他們畢業出社會後，償還貸款金額的時間比私立大學學生的時間還短，當同學還在把工作賺來的錢拿去還貸款的時候，他們不僅

已經無債一身輕，甚至還可以把這些錢拿去投資，提早往財富自主的人生方向邁進。

你看出端倪了嗎？就讀公立大學的學費低於私立大學，你可以把省下來的學費拿去投資。如果讀名校且成績優異，還有比較大的機會可以進入更好的公司，賺到更高的薪水，以後能有更多資金可以拿來做投資。「低學費＋高薪水」vs「高學費＋低薪水」，二者之間的差異在一增一減之後，將會越拉越大。

我們有時難免沉迷在玩遊戲、追劇、滑手機、吃喝玩樂而不可自拔，這些娛樂確實很吸引人，適度放鬆也能減輕課業的壓力。但有時候玩樂過頭了，內心深處難免會湧上空虛的感覺，後悔自己為什麼浪費了這麼多寶貴的時間，該做的事情都沒做、該讀的書都沒讀。這種罪惡感雖然嘴巴上不會說，但是自己內心很清楚，時間久了，更有可能演變成一種惡性循環，甚至令你想要自我放棄。

每個人或多或少都曾經歷這樣的暗黑時期，有些人醒悟之後走出黑暗，有些人則繼續渾渾噩噩，在黑暗的深淵裡越陷越深。千金難買早知道，時光無法重來，如果你這輩子一定要付出努力，何不趁著年紀還小、可塑性比較大

的時候，養成認真努力的習慣呢？

　　還記得「負責任」指的是「回應的能力」嗎？不要把負責任想得太負面、太痛苦，現在既然扮演著學生的角色，就好好地去回應這個階段所遇到的事情。當你自動自發，別人就管不著你了；當你有能力為自己負起責任時，你就自由了；當你願意為自己承擔責任時，美好的未來就等待著你了。

## 07 出社會被大材小用，怎麼辦？

剛畢業時，不少人都懷抱著滿腔熱情投入職場，希望能將過去在學校所學到的知識運用到工作上，一展長才，就如同馬斯洛需求層次理論（Maslow's hierarchy of needs）中，人們最終會期望在公司裡獲得尊重、實現個人的理想（見圖表 3-3）。

然而，社會新鮮人就如同一張白紙，不論是業務內容、工作職掌、組織結構、組織文化、職場倫理與內部人事等方面，幾乎都是完全不懂，處在需要有人帶領、需要學習與適應的狀態，因此，往往必須從最基層的職務做起，甚至還要做一些瑣事。有些人因為每天重複例行性的工作，時不時還要幫忙打雜，就會失去興趣，覺得這份工作沒有意義、自己被大材小用了。

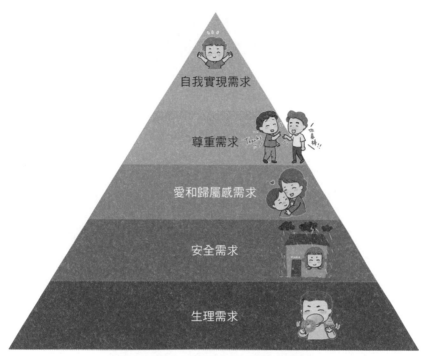

圖表 3-3　馬斯洛需求層次理論

　　之所以要從最基層開始做起，並不是因為公司不重視我們，而是因為我們缺乏工作經驗，對公司整體環境也不甚了解，因此需要好好地蹲馬步，把該學的、該會的基本能力都建立起來。

　　社會新鮮人開始工作的頭一兩年，在公司所獲得的利益主要來自於馬斯洛需求層次中底層的 3 個層級，例如：自己可以賺錢，不用再跟父母伸手要零用錢了，能夠負擔

生活開銷，滿足**生理的需求**。有一份穩定的工作、穩定的收入，不用擔心生計，滿足**安全的需求**。在公司裡學習和主管、同事溝通互動，甚至和外部廠商、顧客進行溝通，慢慢建立起一個社交圈，滿足**愛和歸屬感的需求**。

所謂萬丈高樓平地起，先打下穩固的職場基礎，將來就有能力繼續往上晉升、完成自己想做的事。

進入公司後，你會開始檢視這間公司的一切，相對地，主管也會開始評估你在工作方面的能力、績效，以及態度是否主動積極、願意配合，檢核你這個人是否如同當初面試所宣稱的一樣。

你所能做的，就是趁年輕時認真努力工作、好好打拚事業、為自己建立優秀的口碑，經過一段時間後，你的實力就會展現出來，當你的光芒被看見，接著就有機會加薪或升官，這時候就實現了馬斯洛需求層次最高的 2 個層次：**尊重的需求及自我實現的需求**。

工作不是遊戲，老闆付薪水給員工，是因為需要員工為公司帶來貢獻。既然領了薪水，就要付出心力，這樣才不會愧對公司，也不會愧對自己的心。不要把為工作負起

全權的責任當作一種壓力，這會使你成長、使你茁壯、讓你越來越強，除了可以升官加薪，以後，當你看到外界其他更好的職缺時，你就有能力去爭取。

有些人渴望獲得別人的尊重，當你有成就時，別人自然會尊重你。有些人會抱怨自己的才華被埋沒，才氣就像氣息一樣無形，你必須把無形的才華轉化成具體的工作能力，為公司創造具體的收益，如此才有機會實現自己的價值。

## 可不可以不要努力？

近年，全世界上班族之間捲起一股「安靜離職」的風潮，所謂的「安靜離職」是指領多少錢就做多少事，平衡工作與生活的思維，也就是每天朝九晚五，不用加班，下班後就盡情享受生活，不容許一丁點公事侵犯私人領域。這樣的工作與生活模式很理想，如同烏托邦的境界，確實很令人嚮往。但是仔細思考，你有沒有發現這背後好像有一點問題？

首先，從學校畢業，正是人生有無限機會等著你去探索的時候，如果你在這時期追求安靜離職，彷彿直接進入

退休模式，沒有動力與衝勁，只做最基本的工作，應付公司的基本要求，過著安逸的職場生活。日子一久，你的同事、甚至新進員工的能力都逐漸超越你，結果你只能一直做著低階的工作，很難升官。

長期做著重複性高的低階工作，你會不會覺得很無聊、沒有成就感？如果哪天公司營運不善或倒閉，你被資遣後，有能力找到新工作嗎？畢業多年後，找工作主要看個人實力，屆時你有辦法跟別人競爭嗎？另外還有一個現實面的考量，新鮮人的薪水通常比較低，因此，你在平衡私人生活時能使用的資源也就比較少，只能追求微小的快樂。幾年過後，當你的朋友或同事因為升官加薪而擁有比較好的物質享受，你卻依舊只能過著小確幸的生活時，內心難免不是滋味。

所以，最好趁著年輕時好好努力，這些不是為了別人，而是為了你自己，所有的後果都與你息息相關。認真打拚不只是在為公司創造價值，過程中你不斷累積實力、提升自己的競爭優勢，最終的受益人其實是你自己。希望你到了四五十歲，回首二三十歲的歲月時，會很感謝當時選擇認真努力的那個自己。

## 工作，能實現自己的價值

除了安靜離職，近年來「躺平族」的思潮也頗為盛行，「躺平族」不追求大成就、大事業，只要平淡過日子、享受小確幸，減少欲望、降低消費，就能養活自己，一人飽、全家飽。這看似浪漫自在、輕鬆愜意的背後，往往是來自於逃避挫折、工作壓力。因為生活沒有目標、沒有重心，所以假裝自己毫不在意。但壓力與焦慮並不會因為逃避就消失不見，反而會在你內心深處不斷累積。

圖表 3-4　興趣、工作、休閒娛樂，缺一不可

在年輕人身上，「躺平」看似包覆著與世無爭的瀟灑外衣，散發著一股流行風；但躺平的時間一旦拉長，到了中年就會轉變成殘酷不堪的軟爛人，到了老年時甚至會淪為「下流老人」*。

如果未來從事的工作不是自己喜歡的，甚至每天都讓你感到厭倦、痛苦，那就有必要回到自己的內心，慎重思考自己的興趣所在，重新尋找真正適合自己的工作。

如果你很煩惱，卻不知道從何做起，不妨尋求父母和師長的意見。此外，政府也設立許多就業輔導的專業服務，例如：青年職涯發展中心、台灣就業通，有困難時一定要善加利用，讓自己勇敢走出困境。轉念很重要、改變很重要，只要願意踏出那一步，人生就會開始產生變化。

一旦轉換到真正喜歡的工作，工作起來就會有愉快的感覺，也會更有熱情，沉浸在工作的樂趣中，更容易發揮自己的實力、肯定自己的價值。在這種狀況下，你的人生充滿意義，根本不會有想要躺平的念頭了。工作不只是為了賺錢，也是為了展現自己的才能，以及為社會帶來貢獻，

---

\* 出自日本作家藤田孝典的《下流老人》，「下流老人」形容日本近年出現大量過著中下階層生活的老人，而且數量在未來會只增不減。

當你可以利己利人時，內心就會充滿喜悅，過去的壓力與焦慮，自然就會不藥而癒。

請觀察你現在身邊的朋友們，在你求學或打拚事業的時候，身邊難免會遇到一些認為年輕不該留白的朋友，他們可能會邀你加入及時行樂的行列，或是嘲諷你為什麼要那麼努力。要抗拒誘惑真的很不容易，不被閒言閒語影響也很困難。但是，你可以反過來邀請他們加入你認真負責的行列，如果被拒絕了，你也可以鼓起勇氣和他們漸行漸遠，再去找一群跟你志同道合、想要為未來打拚的新朋友。

人生的選擇權在自己的手上，二三十年後，你將會發現，不同選擇所造就的人生境遇，竟然差異如此巨大。

## 08 為什麼要讓收入持續增加？

　　為什麼我們要想辦法讓自己的收入持續增加呢？一是因為個人與家庭的支出會不斷增加，二是因為如果有更多的收入，就能存下更多錢，就有更多資金可以進行投資，讓自己累積更多財富。

　　所謂的開門7件事：柴米油鹽醬醋茶，這些是一般家庭的基本必需品，再加上食衣住行育樂的生活開支，已經帶來不小的經濟壓力。隨著年紀增長和家庭成員的增加，再加上購車、購屋的重大需求，個人或家庭的支出金額就不斷地增加。

　　近年，通貨膨脹越來越嚴重，導致貨幣的實質購買力也大幅縮水，讓人感受到錢「越來越薄」了（見圖表3-5）。支出增加再加上貨幣貶值，一旦薪水固定不動，就會產生

10 年前，一杯珍奶 50 元
100 元可以買 2 杯珍珠奶茶

10 年後，一杯珍珠奶茶 80 元
100 元只能買 1 杯珍珠奶茶

圖表 3-5　通貨膨脹，讓錢的購買力越來越小

入不敷出的問題。

　　增加收入的方法和來源很多，首先，最好在國高中和大學時期，就先立定自己的志向，瞄準那些薪水高、福利佳、你有興趣的公司和行業，計畫性地培養自己的學經歷和技能，讓你在未來能具備應徵這些公司的資格與條件，提高錄取的機會。只要你順利進入這些公司工作，過去的努力都有回報了，因為你的起薪會更高，你將擁有更多的可支配所得，以及更多元的人生選擇。

　　接著，你要趁著年輕力壯、沒有家庭負擔的時候，努力打拚事業、挑戰自己的極限，看看自己能夠爬升到什麼

樣的職位。隨著職位的上升，你會對自己越來越有信心，也能以不同的眼光和觀點來看待你的工作，賦予自己更強大的使命感與企圖心。使命感會激發你的工作熱情，讓你不再畏懼任務與挑戰，你會自然而然地成為一個正向積極的人，更開心的是，你的薪水也會一路扶搖直上。

除了正職工作的收入，有機會的話，**你也可以開拓自己的副業，增加額外的收入來源。**比較常見的方法，像是利用業餘時間從事外送、在餐廳或商店打工、在電商平台賣東西、當家教等。

圖表 3-6　增加收入的各種管道

更好的做法是，試著把自己無法當成正職的興趣變成商品，或提供服務，例如：你喜歡烘焙，除了做甜點給親朋好友品嘗，也可以將你製作的食物放上網路販賣，或接受客人訂單；你的興趣是設計，也可以在下班時間承接一些設計的案子；或是拍影片，經營你自己的網路社群媒體等。當你培養的技能越多，未來就有機會成為斜槓工作者，創造多元收入來源。

在台灣，創業當老闆是許多人的夢想。根據調查，在10 家新設立的公司中，高達 9 家公司會在 5 年內倒閉；而那些好不容易在前 5 年倖存下來的公司，之後又有 90％的機率會倒閉。

有空到著名的商圈逛街時，你可以留意看看所謂的「黃金店面」，高掛出租看板的比例有多高。再比較一下有營業的店面，是門庭若市的店家比較多，還是門可羅雀的比較多。

如果你未來也想成為老闆，一定要用心學習企業經營策略的知識，熟知總體經濟、個體經濟、市場脈動，學習管理員工與經營顧客關係的技巧。創業所需投入的資金與心血相當龐大，創業的收入可能很可觀，但虧損的風險也

很大。

　　除非你已經做好萬全的準備才去創業，否則畢業頭幾年，穩定收入的主要來源就是你的正職工作，你所要做的事情就是努力升官加薪，盡可能增加薪水，持續提高儲蓄的金額比例，並進行投資、累積財富。

## 09 求職停看聽，避開陷阱

　　大學畢業後，找到一份薪資好、福利佳、又可以一展長才的工作，是許多人夢寐以求的目標。在學期間利用課餘時間打工，除了可以累積職場經驗，也能讓自己有收入去補貼學費和生活費、購買想要的東西。

　　**不論是找正職工作還是兼差打工，都必須對公司進行慎重的評估：**這間公司是不是正派經營、有沒有符合政府的法令規章、工作內容包含哪些項目、薪資福利合不合理、有沒有提供健保和勞保、工作環境是否安全、對身體健康會不會造成危害等，以確保自身的工作權益及人身安全。

　　這幾年，因為網路越來越發達，求職詐騙的社會案件層出不窮，不少人淪為詐騙集團的車手，或是被誘騙至海外打工度假，結果是從事犯罪工作。有些人被逮捕而入獄

服刑，必須在不見天日的牢房中度過寶貴的青春歲月；有些人遭受監禁毒打，而讓身體殘廢，有些人甚至被賣到國外或被殺害。這些駭人聽聞的新聞事件曾經喧鬧一時，引起社會大眾的恐慌與討論，但人總是健忘的，時間一久可能就失去警覺心。

**求職詐騙的形式千變萬化，讓人防不勝防**，該如何判斷呢？通常，求職詐騙的工作，會強調免經驗、免證照，工作輕鬆、彈性自主、不會英文也沒關係，薪水高、福利好，能讓人快速致富等，相信不論是誰看了都會心動不已。但天下真的有這種不勞而獲的事情嗎？可能有，但非常罕見。

當你遇到一份好到不像是真的、好像在作夢的職缺，不知道如何辨別真假時，教你一個可以讓自己冷靜下來的判斷方法：**把你（求職者）和雇主（老闆）的角色進行對調，你從老闆的角度去思考，如果你是老闆，你會用這樣的條件來聘僱人員嗎？你願意付很高的薪水，去請一個沒有經**驗、什麼都不會的人來上班嗎？這個人每天在公司裡閒閒沒事做，偶爾去提款機領個錢或是送個貨就好，這樣你還願意幫他買機票、付飯店錢，出國打工度假嗎？

　　這麼思考之後，你有沒有一種忽然清醒的感覺？如果你是一個正常的老闆，根本不可能這麼做吧？如果一間公司裡，全部都是領高薪卻不用做事的員工，公司的人事成本會很高；員工沒經驗又沒能力，這間公司又怎麼會有競爭力呢？由這樣的員工生產出來的產品和服務，放到市場上有誰想買呢？

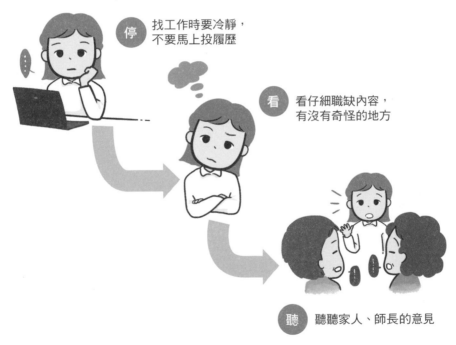

**停**　找工作時要冷靜，不要馬上投履歷

**看**　看仔細職缺內容，有沒有奇怪的地方

**聽**　聽聽家人、師長的意見

圖表 3-7　求職時，要「停、看、聽」

　　以上這一連串的疑問，希望能幫助你未來求職時不急躁，不會被利益沖昏頭，給自己一些時間停、看、聽，然

後做出最適當、最正確的抉擇。另外，也可以多多和父母、
師長、長輩討論你有興趣的工作職缺，請他們幫忙判斷，
以免落入求職詐騙的陷阱。

# 第4章

## 把錢留給未來的自己

不只你們有這個煩惱,很多大人也是月光族呢。

催繳單又來了!!

哎!?

已經沒錢了⋯

一些些零用錢 增加 很多零用錢

100 → 1000

要是我每個月的零用錢可以增加,

就能把多餘的錢存起來了。

大多數人也和你有一樣的想法,認為只要加薪或再賺更多錢,就可以把多出來的錢給存下來。

加班!! 加薪!

可是家庭開銷和欲望會不斷增加,這些多出來的錢根本留不住。

想吃大餐⋯⋯ 想買新手機!

## 10 優先付錢給自己

　　你可能常常聽到不少人感嘆，把工作所賺的錢全部拿去養家活口、支應日常開銷，哪還有剩下什麼錢，就算有剩餘，也是所剩無幾。因為在現實生活中，總是有各式各樣的原因，需要你不斷地把錢從皮包裡掏出來。所以，許多人會活在缺錢的恐懼當中，在被錢追著跑的情況下，只好驅策自己去追著錢跑，把自己活得彷彿是倉鼠跑滾輪，疲憊不堪地過日子。

　　「賺錢→花錢→把錢花光→再賺錢→再花錢→再把錢花光⋯⋯」，你有沒有發現這是一個無限循環模式，除非有「剩下」錢，否則很難有「多餘的」錢可以存起來。只要入不敷出的狀況沒有改善，就只能迫於無奈，永無止境地在滾輪上奔跑。

　　難道沒有辦法破解這個困境嗎？其實有方法，古代的巴比倫富翁指出，**如果想要致富，最重要的第一件事情，便是優先支付給自己（Pay yourself first.）**。也就是在每個月一領到薪水時，不要急著把錢往外推、付錢給別人，在這之前，首先必須把 $\frac{1}{10}$ 的薪水支付給自己，也就是先把這筆錢儲蓄起來，剩下來的錢再拿去付給別人，也就是支應日常所需的生活開銷（見圖表 4-1）。

　　你要根據個人需求與家庭實際狀況等因素，為薪水編列預算，例如：安排醫療保險、教育基金、房貸車貸基金、

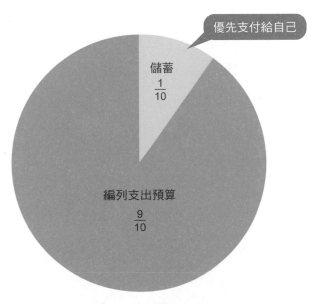

**圖表 4-1　支配收入的比例**

家庭計畫基金等，如此一來，就能讓收入和支出之間取得平衡。

　　為了養成這樣的儲蓄習慣，並讓這個目標可以「無痛」進行，最好的方法就是去銀行開設一個你專屬的投資戶頭，而且要設定：**薪水一入帳，就把 $\frac{1}{10}$ 的薪水金額，自動轉入這個投資帳戶。透過為自己創造一個自動存錢的系統，在存錢時就不會那麼痛苦，如此一來，賺錢和儲蓄這兩件事便能同時進行了。**

　　可能會有人抱怨，薪水的 $\frac{10}{10}$ 都不夠用了，只留 $\frac{9}{10}$ 哪夠生活？其實人的適應力很強，當你發現帳戶裡的金額有多少、也就是你可以支配的錢有多少時，自然就會想辦法調整支出，這邊省一點、那邊少花一點，然後你會發現其實這樣生活也過得去，慢慢地就形成了新的消費習慣與生活型態。

　　至於日薪打工族、接案族，這些不是領固定月薪的人也一樣，在每次領到酬勞的時候，就把 $\frac{1}{10}$ 的錢拿出來，放到一個專屬信封裡，等累積到一定金額時，再存入銀行的投資帳戶裡。例如：領到 800 元，就拿出 80 元放進信封裡，剩下的 720 元就可以拿來做為生活費。花 720 元和花 800

元，其實沒有太大差異對不對？如果領到 10,000 元，就拿出 1,000 元放到信封裡，剩下的 9,000 元拿來做為生活費，花 9,000 元和花 10,000 元，其實也不會對生活造成重大影響。

以前，想要把每個月花剩的錢存下來，卻總是失敗的月光族，必須認清「先花錢、再存錢」的模式是行不通的，不改變的話，只能繼續在存不到錢的無限輪迴中打轉。易經說：「窮極則變化，變化則通達，能通達，則能恆久。」因此，**你要把薪水的分配方式更改為「先存錢、再花錢」，建立優先支付給自己的習慣，你的人生才會有改變的契機。**

## 慢慢提高付錢給自己的比例

未來，當你習慣了優先把薪水的 10％支付給自己後，就可以繼續練習將比例提高至 15％、20％，如果能提高到 20％，未來就有更多資金可以用來投資。

但是，在薪水固定的情況下，如果想要把儲蓄金額提高至 30％，就必須嚴格省吃儉用才能達成，可是，生活處處限制反而會讓儲蓄變成一種壓力。例如：一個月

薪水 30,000 元，儲蓄 10％可以存 3,000 元，可支配所得為 27,000 元；儲蓄 20％可以存 6,000 元，可支配所得為 24,000 元；若將儲蓄增加至 30％，雖然可以存到 9,000 元，但是可支配所得只剩下 21,000 元，可能會對生活非常不便。

因此，我們必須跳脫只能靠增加儲蓄才能變有錢的想法，想要致富，還可以透過增加收入，例如加薪及其他開源的方法。每個月薪水提高為 40,000 元的話，儲蓄 30％可以存到 12,000 元，可支配所得則是 28,000 元（見圖表 4-2）。

| 月薪 30,000 元 | | | 月薪 40,000 元 較優 | |
|---|---|---|---|---|
| 儲蓄比率 | 10% | 20% | 30% | 儲蓄比率 | 30% |
| 儲蓄金額 | 3,000 | 6,000 | 9,000 | 儲蓄金額 | 12,000 |
| 可支配金額 | 27,000 | 24,000 | 21,000 | 可支配金額 | 28,000 |

圖表 4-2　不同儲蓄比率的比較表

只要設法讓收入增加，不管是儲蓄金額或可支配所得都能同步增加。如此一來，除了可以讓自己有更多投資基金，也能擁有更好的物質享受與生活品質。

此外，績效獎金、年終獎金、比賽獎金、發票獎金這

類收入，因為不屬於例行性收入，大家通常會覺得是一筆意外之財，容易找理由把獎金全部花光光。不要忘了，也要把這筆獎金優先支付給自己，但是，最好能把儲蓄金額的比例提升至 30％，剩下來的 70％，就能自在地犒賞自己或家人了。

對於沒有儲蓄習慣的成人來說，要開始儲蓄就會顯得比較困難，因為儲蓄意味著必須減少原本習以為常的家庭開銷，才有多餘的錢能儲蓄。如此一來，整個家庭的消費模式，甚至生活習慣都必須調整，全家人必須忍受一段陣痛期。牽一髮則動全身，只要家人不願意配合，過程中就會產生比較大的障礙，所以很容易失敗。

因此，如果可以在學生時期，養成一拿到零用錢時，**就把 10％的錢儲蓄起來的習慣**，甚至趁著年紀還小的時候，就把儲蓄比率提升至 20％的水準，未來畢業出社會後，你就能自然輕鬆地把一部分薪水存起來，開始進行投資的計畫。

不要覺得這樣很麻煩，也不要覺得把零用錢或薪水存起來是一種犧牲，**因為你是在為自己的人生存錢，最終的成果都會回報到你的身上。**

## 11 緊急預備金：度過沒收入的難關

　　不少父母都會給子女零用錢，然後要求他們把錢存起來。小孩第一次存錢，通常是把銅板投進撲滿裡，感受到撲滿的重量一天天變重，內心產生滿足和成就感。想買東西的時候，有些小孩會從撲滿裡挖一些銅板出來，或是把整個撲滿打破；有些撲滿一路陪伴小孩長大，變成家裡習以為常的裝飾品。大部分人對於零用錢、儲蓄、撲滿的童年回憶，往往僅止於此。有些人長大後則延續小時候存撲滿的習慣，把賺來的錢存到銀行，沒有再做其他的安排與規劃。

　　儲蓄不是單純地把錢存到銀行就好了，它在生活中還扮演著一些重要的功能，像是做為緊急預備金、家庭計畫基金、投資基金，以及增加我們的安全感。

　　2020 年，新冠肺炎疫情肆虐全球，不僅讓成千上萬的人們生病或失去寶貴生命，也對全球經濟造成嚴重的影響。根據台灣金融研訓院的「2022 台灣金融生活調查」，有將近 39.2％國人的儲蓄金額低於 2 個月的收入。此外，如果發生緊急狀況時，無法在一週內籌到 10 萬元的人，也將近 18.8％。這些人是金融風險抵抗力較差的族群，他們可能連維持基本生活開銷都略顯困難，若不幸遭遇突發事件，例如：失業、生病住院、交通事故、重大意外等，就會讓生活陷入危機。

　　相反地，對於有準備緊急預備金的個人或家庭來說，他們遇到意外狀況時，可以立刻拿出一筆錢來處理問題，度過失業或生病時沒有收入的難關，這也就是為什麼儲蓄可以增加安全感。

　　一開始存錢時，必須先以緊急預備金為目標，**因為當個人或家庭有了緊急預備金做為後盾，就不會讓意外事件影響家庭經濟，家人的生活就可以在安全有保障的基礎下正常運作。**

　　那麼，應該存多少金額的緊急預備金呢？一般而言，最好準備 6 個月，也就是**半年的收入金額**，這樣當意外來

臨時，就可以有比較長的緩衝期，讓個人或家庭有比較大的應變彈性與空間。

假設一個月的薪水是 40,000 元，6 個月收入的緊急預備金，為 6×40,000 元＝240,000 元。若某個人的儲蓄比率為 5％時，他一個月只有存 40,000×5％＝2,000 元，剩下來的 95％收入全部花掉了，每個月的支出金額高達 40,000×95％＝38,000 元。當他每個月只存 2,000 元的時候，需要用 120 個月，也就是要 10 年的時間，才有辦法存到 6 個月的緊急預備金（240,000÷2,000＝120）。

一個人如果在長達 10 年的期間內，都處於資金匱乏的狀態，就會一直籠罩在沒有安全感的壓力下，而低儲蓄比率和高消費比率，是導致問題的主因。

但是，只要把儲蓄的比率提高，每個月能存到的金額就會增加。例如：當儲蓄比率提高至 10％時，緊急預備金的準備時間就會減少一半，變成 60 個月（5 年）。儲蓄比率若提高至 20％，需要花費的時間則減少為 30 個月（2.5 年）。若再進一步，把儲蓄比率提高至 30％時，所需要花費的時間甚至大幅減少為 20 個月（1.7 年）。（見圖表 4-3）

| 儲蓄比率 | 每月儲蓄金額 | 每月支出金額 | 所需時間 | 備註 |
|---|---|---|---|---|
| 5% | 2,000 | 38,000 | 120 個月（10 年） | 240,000÷2,000 = 120 |
| 10% | 4,000 | 36,000 | 60 個月（5 年） | 240,000÷4,000 = 60 |
| 15% | 6,000 | 34,000 | 40 個月（3.3 年） | 240,000÷6,000 = 40 |
| 20% | 8,000 | 32,000 | 30 個月（2.5 年） | 240,000÷8,000 = 30 |
| 25% | 10,000 | 30,000 | 24 個月（2 年） | 240,000÷10,000 = 24 |
| 30% | 12,000 | 28,000 | 20 個月（1.7 年） | 240,000÷12,000 = 20 |

圖表 4-3　不同儲蓄比率下，存到緊急預備金的所需時間

你有沒有發現，**當每個月支出金額的比率越高時，能存下來的金錢也就越少。**當個人或家庭手邊沒有餘裕時，只要發生任何風吹草動，就會讓經濟狀況搖搖欲墜，這也是造成財務危機的原因之一。所以，最好能從小開始培養儲蓄的習慣，儲蓄的比率最好也要逐漸提高，此外，也要避免過度消費，必須關注自己都把錢花到哪裡去了。

## 12 家庭計畫基金：讓生活更美好

　　多數人過著規律的生活，有著特定的生活型態，所以日常的支出多半都是例行性的項目，例如：餐費、交通費、治裝費。但除了例行性支出，還會有一些非例行性的重大花費，例如：買房子、買車子、添購家電設備、更換家具、出國旅遊，甚至是過年的禮盒和紅包禮金，這些通常都所費不貲，不是一時半刻就能拿得出錢來購買，因此必須有長遠的規劃。

　　為了能有更好的生活品質與享受，以及為生活創造美好的體驗與回憶，這些非例行性的大筆支出也是不可或缺的。因此，我們必須根據個人的年齡、家庭成員的組成、不同的成長階段，去設想未來在哪個時期，可能會有哪些花費與金額。針對這些人生規劃，另外擬定一個專屬的儲

蓄計畫，為這類支出所存的資金，就稱為「家庭計畫基金」。

有了家庭計畫基金做為後盾，便能從容不迫地迎接家庭各階段的重大需求，讓家人的生活更幸福、更美好。

添購家具和家電　　新生兒出生　　買房子

買車子　　家庭旅行

圖表 4-4　家庭計畫的重大花費

# 13 投資的基金：用錢生錢

　　好不容易存在銀行裡面的錢，不僅利息少得可憐，在通貨膨脹的侵蝕下，實質購買力也越來越差。如果只是把錢存在撲滿或銀行裡，而沒有把儲蓄的金錢做為「投資基金」，也就是將錢轉換成為有價值的資產，就很難發揮讓財富增值的效果。

錢存在撲滿，沒有利息

錢存在銀行，利息較少

儲蓄拿去穩健投資，利息較高

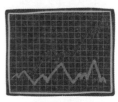

**圖表 4-5　儲蓄和投資的利息不同**

　　近年來，理財投資的風氣越來越興盛，大家漸漸知道越早開始理財投資越好。但是，不少人會以「投機」的觀念進行投資，輕忽潛藏的風險，反而造成嚴重的財物損失。有些人甚至落入投資詐騙的圈套，讓畢生積蓄化為烏有，後悔不已。

　　投資雖然可能獲利，若不慎也可能產生虧損，最好先學習基礎知識，奠定良好基礎之後再進行投資。有關投資的詳細內容，我們留待第 6 章進行討論。

# 第 5 章

# 成為打敗
# 欲望的勇者

我的房間裡也塞了好多東西，難怪我一直都存不到錢。

有夠亂……

賺錢本來就是為了讓自己和家人擁有更好的生活品質，所以花錢沒有錯，但是必須聰明消費、精打細算。

要開源，也要節流。

小軒，你的房間該整理了!!

在商店或賣場，常常會被琳瑯滿目的東西吸引。要當個聰明的消費者，好難哦。

看到特價

會心動也!!

5折　特價

6折　特價

## 14　需要、欲望、需求，傻傻分不清

我們經常將「需要」（need）、「欲望」（want）、「需求」（demand）這 3 個名詞混淆，其實它們代表不同的意思，而且有層次上的差別。

「需要」指的是人類為了生存，而在生理上（吃、喝、拉、撒、睡）或心理上（安全感、愛、尊重）必須被滿足或解決的一些狀態，這些感受和念頭是與生俱來的。例如，當你肚子餓的時候，就需要吃東西來解決飢餓這個問題，但在不餓的狀態下，就不會有想吃東西的念頭。

「欲望」則是指可以被用來滿足或解決需要的東西。生活中有各式各樣的食物可以用來填飽肚子、滿足口腹之欲，例如：便當、漢堡、牛肉麵、義大利麵、拉麵、牛排、披薩、鍋貼、水餃、壽司、香雞排等，但我們只有一個胃，

需要的食物其實是很有限的。一般的便利商店和小吃店有販售食物，五星級大飯店也有供應餐點。市場上充斥著琳瑯滿目的商品，時時刻刻誘惑著消費者，人們內心的欲望不斷被激發出來，導致許多人的欲望越積越多。

「需求」則和購買力有關，當你有足夠的錢、負擔得起時，這個欲望的背後才有「購買力」做為後盾，欲望才有辦法轉換為需求。例如：沒錢的時候只能買泡麵充飢，有錢的時候可以吃五星級飯店的餐點。

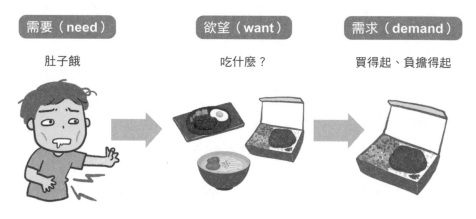

圖表 5-1　需要、欲望、需求的不同

需要有限、欲望無窮，這句話的意思是指我們內心有著無窮無盡的欲望，但事實上我們只需要有限的東西就能生活。當一個人想要滿足源源不絕的購物欲望時，就必須

不斷地從皮包裡掏出錢來，薪水很快就會消失殆盡，甚至
造成入不敷出的窘境，**於是就變窮了**。迫於無奈，就會讓
自己淪落至追著錢跑、也被錢追著跑的倉鼠跑滾輪人生。

## 量力而為的消費，才是享受

　　我們工作賺錢，除了用來滿足基本的生活所需，當然
也有權利享受更好的物質條件，但是必須量入為出，衡量
自己的收入後斟酌消費，千萬不要自不量力、逾越了自己
的能力。

　　我們購買了許多東西，只有一部分出於真正的需要，
其他則來自於想要的欲望。在大多數的情況下，每當我們
在跟自己或別人解釋，為何會花錢購買某個想要的東西時，
總會找一些冠冕堂皇的理由做為掩飾，這樣的辯解到底有
沒有自欺欺人？其實我們都心知肚明，**最好的做法是誠實
面對自己內心的欲望**。

　　一個收入等於支出的人，由於他身上沒有剩餘任何金
錢，一旦暫停工作就沒有收入，所以無法歇息，久而久之，
身心就會疲憊不堪。一個支出大於收入的人，則會開始產

生負債，然後負債還會越滾越多。

為了解決負債問題，只好拚命打好幾份工來償債，不僅搞垮身體，還讓未來失去了希望。有些人因為還不了債，甚至向地下錢莊借錢，昂貴的利息反而把他們推入另外一個深淵；有些人為了賺到更多錢，反而落入詐騙集團的陷阱、痛苦不已；有些人覺得這輩子無論再怎麼努力也還不清債務，於是鋌而走險，從事非法的行業。**所謂一步錯、步步錯，許多社會悲歌就是這樣衍生出來的。**

相反地，支出小於收入的人，身上就有多餘的資金，即便偶爾工作累了或生病了，也能從容地請假休息，最棒的是還能把儲蓄下來的錢拿去投資，創造更多的財富。**所謂失之毫釐，差以千里，為了避免讓自己未來走往負債的方向，最好從現在開始培養正確的金錢觀念。**

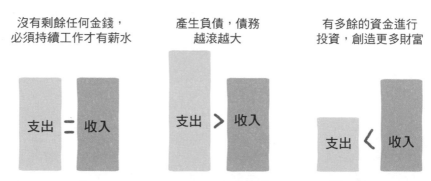

圖表 5-2　支出和收入的比例不同，帶來不同結果

## 15　聰明消費的 5 步驟

　　拜生產技術進步所賜，廠商可以快速製造出品質優良、功能齊全、外型精美的商品，而且推陳出新速度之快，有時消費者手上的東西還是完好如初的狀態，新一代的款式很快就又上市了。在喜新厭舊心態的作祟下，為了迎接新產品，原本的東西不是想辦法拿去送人或回收，就是被束諸高閣收納起來，欲望再次戰勝了皮包，薪水再度飛奔到廠商的懷抱。

　　此外，廠商也在各個通道設下攔截點，就算你逃過了實體商店的誘惑，網路商店、網路直播拍賣、外送平台等，也會使命必達地把目不暇給的商品資訊傳遞給你。一旦你把商品放入購物車裡，大腦便像啦啦隊一樣開始釋放出一種神經物質「多巴胺」，讓你感到開心快樂，為了持續享

受這種購物的愉悅感，你便不知不覺把更多商品增加至購物車裡。

我們之所以會衝動購買許多預期外的商品，是因為我們沒有事先做好購物的計畫，只好任憑感覺引領行為，然後再次買了許多不需要或不該買的東西，這也就是薪水會超支的原因。為了解決這樣的問題，我們必須開始當個有智慧的理性消費者，把漫不經心的購物行為，轉換成一系列的步驟，購物時就能有一些參考準則。這些步驟包含：①確認需要→②列出採購清單→③分析比較→④購買→⑤評估結果。

### 1.確認需要

還記得需要有限、欲望無窮這句話嗎？我們必須誠實地面對自己，這個東西究竟是我需要的，還是我想要的呢？我們心裡一定知道真正的答案，如果真的需要這個東西，而且有一筆錢（預算）的話，那麼就可以購買。但如果需要這個東西，身上卻沒有錢買，就應該先去找找看是否已經有類似的東西可以替代，或是以租借的方式暫時頂替一下，或是暫緩一陣子，等有錢再買。

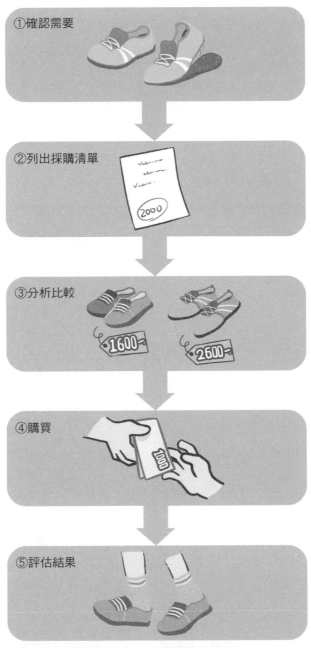

圖表 5-3　消費 5 步驟

借錢買、賒帳買、預付現金買，將會讓人產生負債，我們已經明白「支出＞收入」會造成什麼樣的後果，所以在面對欲望的誘惑時，應當明確分析是否真的需要它。

### 2.列出採購清單

不論是實體商店或網路商店，新奇有趣的東西實在太多了，而且逛街或瀏覽商品可以讓人心情很愉快，一不注意就把一件件商品放到購物車裡，結果該買的忘了買，原本沒計畫要買的卻買了一大堆。為了避免發生這種情形，最好把要買的東西先記下來，列出一份採購清單，或是輸入到手機的備忘錄裡。

採購清單的好處是，可以用來檢查是否有把需要的東西買齊，這樣就不會因為有遺漏而要再跑一趟商店。此外，如果發現購物車裡有清單以外的商品，那就應該思考一下它的必要性，如此一來，就可以降低衝動購物的機會，讓自己成為一名理性的消費者。

### 3.分析比較

一項商品通常會有不同的品牌，每種品牌的價格、性能、材質、成分、規格、重量、大小、包裝可能都不一樣，

以供顧客選擇。為了了解不同品牌之間的差異，理性的消費者必須花時間進行分析比較。如果有親朋好友曾經購買過這項商品時，也能問問他們的意見或評價，另外也能參考網路上的使用評語。

俗話說，貨比三家不吃虧，但如果為了比較，反而花費太多時間跑遍大街小巷，或是不停瀏覽購物網站、搜尋商品資訊，可能會在不知不覺中耗費太多時間和心力。**別忘了你的時間也很寶貴，進行分析比較時，最好在成本與效益之間取得平衡，過與不及都不好。**

### 4.購買

商品百百種，究竟應該選擇哪一個才是正確的決定，並沒有絕對的標準答案，因為每個消費者的偏好、需求、預算、使用目的都不太一樣。

有個基本原則是，當品質、功能等各方面都差不多時，選擇價格比較便宜的。所謂一分錢、一分貨，當價格差異很大，而且品質、功能等各方面的落差也很大時，如果選擇品質、功能比較好的商品，可以發揮更大的功效。在預算充足的情況下可以考慮購買好一點、貴一點的商品；預

算少的話就買普通的、便宜的商品。

如果同時要買好幾項商品，全部都選擇貴的，很容易就會超出預算範圍，全部都選擇便宜的，也會感到有些委屈。變通的做法是，先把所有商品根據重要性排列，把多一點預算分配給比較重要的商品，買貴一點、你比較喜歡的款式；剩下來的預算分配給比較不重要的商品，買便宜的、普通的款式。

購物時還有一個最重要的原則 ——**絕對要量力而為，千萬不能超出預算。**

### 5.評估結果

有些商品必須親自使用過後才知道，它的品質、功效等各方面的實際表現如何。例如：一雙球鞋的材質好不好、透不透氣、好不好走、穿起來舒不舒服、耐不耐穿等，就算別人多麼喜歡這雙鞋，唯有你自己穿過了，才能知道它適不適合你。

如果你使用過後感到滿意，未來就可以繼續購買這家公司的東西，如果不滿意，以後要買這家公司的產品就必須再三思量，減少或避免再次購買。

　　以上的消費 5 步驟看似繁瑣，但只要多練習幾次，就能越來越得心應手，甚至成為一種消費習慣。藉由這些簡易的檢核方法，就可以提升自己每次購物的滿意度和成就感，更重要的是，還能看緊自己的荷包，把省下來的錢存起來，做為將來的投資基金呢！

　　所謂該花則花、當省則省，我們應該成為聰明的消費者，善用金錢的力量，讓自己與家人擁有美好的生活。千萬不要一不小心變成揮霍無度的剁手族，也別淪為錙銖必較的守財奴。

## 16 如何破解誘人的優惠？

　　為了刺激買氣與提升銷售業績，廠商莫不費盡心思，推出各種誘人的促銷方案，來吸引消費者的購買意願。購物時若能妥善利用這些優惠，確實可以讓荷包省下一些錢，也有機會獲得額外的利益。但有時候，我們為了獲得一些優惠，無形中反而花了更多錢，以下便是常發生的狀況。

　　你可能很常在商店看到買一送一、第二件 5 折、多一元加一件、加價購等促銷活動，如果是平常就會使用到的商品，可以適量購買來節省開支，但是千萬不要過度囤積。若是根本用不到的東西，也不要抱著不買可惜的心態，因為買了其實也用不到，白白浪費了一筆錢。

　　大包裝、大瓶裝的商品，單價換算下來雖然比較便宜，有時候卻也成為浪費的來源。例如：大瓶裝的洗髮精、沐

浴乳，因為看起來很大罐、可以用很久，使用時就會不知不覺擠壓出較多的分量；相反地，因為擔心小瓶裝很快就會用完，使用時反而會更珍惜、更節約。

　　也有一種情況是，忍不住購買廣告上新推出的產品，而家中還沒用完的大瓶裝，只好被丟到牆角。又或者，大包裝的餅乾常因分量太多，無法一次吃完，隔幾天要吃的時候，發現餅乾變軟或不新鮮了，就輕易地丟掉，這也是一種浪費。

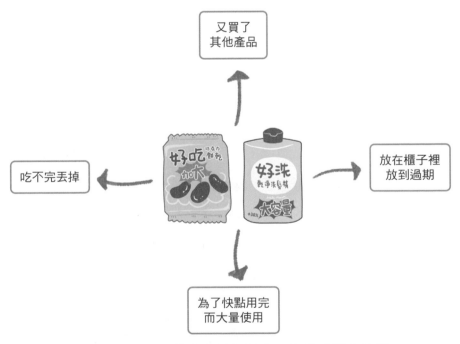

**圖表 5-4　大包裝產品看似划算，卻造成更多浪費**

　　有些廠商也會推出大量採購的優惠，不少人家裡因此囤積了大批的飲料、罐頭、泡麵、零食、冷凍食品等食物，或是衛生紙、清潔劑等日常用品。結果，為了避免過期，而必須加快使用的速度與數量，這樣反而造成更多的支出。

　　此外，由於櫥櫃、冰箱不夠塞，這些東西逐漸堆滿屋裡的各個角落，雜亂的居家環境不僅讓人無法放鬆，甚至可能引發疾病上身，這些負面影響都是購物時始料未及的。

　　有些人很容易受到福袋、驚喜包的誘惑，因為只要花一筆錢，就能買到一包裝滿許多商品的袋子，感覺真是物超所值！

　　可是，所謂的福袋，通常是廠商把過季的、滯銷的、冷門的、稍有瑕疵的商品集結到袋子裡，再設定幾個大獎做為噱頭，吸引消費者購買。雖然有少數幸運兒能拿到大獎，但多數人拿到的都是一般的福袋。表面上很划算，但是你仔細看看這些東西，有哪些是你真心喜歡、用得到的東西呢？

　　因為沒有那麼喜歡，只好勉為其難使用，不然就是送人或收到櫃子裡。反正這個福袋也沒有多貴，就當作花錢

買驚喜，這筆錢因此也就覺得不痛不癢了。**換個角度想想，這些東西原本放在貨架上時，你可能根本不會想要花錢買，為何只是因為被包在福袋裡，你就要把它買回家呢？不如把錢拿來購買真正需要、喜歡的東西，才能對你產生真正的價值。**

其他常見的情況，還有像是為了達到免運費的門檻，或是滿 3,000 送 300、滿 5,000 送 500 之類的優惠，硬是東湊西湊，買了更多本來不需要的商品。也有人為了得到滿額的贈品，或是為了累積點數而重複消費，買了用不到的東西。

以上這些購買行為，原先都是為了享受廠商所提供的優惠，但只要一不注意，反而會因小失大、本末倒置。未來遇到類似的情況，最好先冷靜下來，運用「消費 5 步驟」評估後，再做決定。

## 17 造成非必要消費的 5 大因素

　　在大多數的日子裡，我們重複著大同小異的生活模式，每天發生的例行性消費基本上都是必須、合理、理性的。但是，其中也有一些購買行為，卻是因為受到心理層面、他人或環境方面的影響，有時候是來自於無意識的反應，

被促銷活動吸引　　渴望認同　　生活壓力大

跟風消費　　不好意思拒絕

圖表 5-5　促發非必要消費的原因

有時候是來自於刻意的作為。以下的例子，你是否也有類似的經驗呢？

##  受到促銷活動吸引

像是打折、破盤價、送贈品、買一送一、週年慶，想要趁機撿便宜，所以忍不住買了許多不在預算內的商品。有時候我們會認為這是精打細算，試圖合理化自己的行為；但反過來說，這也是一種貪小便宜的行為，表面上省下了一些小錢，實際上卻花了更多錢。未來遇到促銷活動時，最好停下來思考一下，促發你購買欲望的內心真正感受是什麼。

明明用不到那麼大量的東西，就是忍不住要大量購買，家裡因而囤放許多庫存。除非像是新冠肺炎疫情期間，不適合外出購物，或是特定的供需不平衡所引發的衛生紙短缺、雞蛋短缺的現象，否則在台灣購物非常方便，根本不需要在寸土寸金的家裡，囤積大量的物資。如果發現自己有囤積的習慣，最好想想究竟是什麼原因，導致自己有強烈的不安全感和匱乏感，若能解開這個心結，囤積的現象自然就能解決了。

##  渴望他人的認同

人類是群居的生物，我們天生就渴望獲得群體的認同與友誼。當朋友、同學、同事邀約一起買東西或聚餐時，許多人即使沒有那麼喜歡，也不好意思拒絕；因為擔心如果總是拒絕大家的邀請，自己可能會被排擠，或被當成難相處的人。但不論是需要或不需要、喜歡或不喜歡的邀約，全部都要跟進的話，荷包絕對會大失血。

面對友誼和錢包之間的大對抗，要適當地量入為出，有些讓你感到勉為其難的邀請，還是要懂得委婉拒絕，好好向朋友說明，例如你有金錢上的困難，或是有預算上的考量，可以跟朋友說你真實的感受，或者你正在進行儲蓄計畫。

若你清楚說明後，朋友依然不能體諒你，他們其實就是不體貼的人。建議你默默離開這樣的酒肉朋友，去結交一群和你有相同金錢觀、相同價值觀的新朋友吧！和不適合的舊朋友疏遠的過程一定會很難過，尋找並建立新的交友圈也需要一些時間，但只要你願意，而且有勇氣做出改變，老天爺一定會呼應你的心願，協助你找到適合的新朋友。

## 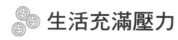 生活充滿壓力

在公司、學校、家裡或其他地方，遇到了讓你感到挫折、傷心、沮喪的事。壓力大的時候，我們可能會想要買一些小東西，讓自己心情好起來，這是現代人常說的「小確幸」，也就是「微小而確切的幸福」。

可是，**壓力若沒有真正獲得紓解，再多的小確幸也無法幫助你轉換負面情緒**，最後甚至會演變成報復性的消費行為，這可能已經不是單純的金錢問題，還包含了身心健康的危害。

最好的方法，就是去找出引發壓力的問題根源，並誠實地面對它、解決它，培養能讓你心情愉快的休閒活動和興趣，找朋友、家人聊天，或是尋求專業的輔導管道，讓自己的身心靈更安穩、更健康，如此一來，就不需要再靠購物來紓解壓力了。

## 跟風消費

看到社群網站上流行的商品、餐廳、景點，也跟風消

費。之所以會有這些行為，可能是基於比較心態，怕落伍或是怕被瞧不起。買昂貴的 3C 產品、包包、鞋子等，都是因為內心想要獲得關注，想要被人尊敬、羨慕，或是想向人炫耀。

擁有更好的物質確實可以讓人有好心情，但背後的原因若是源於自卑、怕被瞧不起、想被肯定、證明自己有錢、刷存在感，一旦這些商品的新奇度消失時，就必須再購買新的東西來替代，如此一來，內心空虛的無底洞，將永遠無法被新事物填補起來。

檢視一下你所擁有的東西，有哪些商品是出於上述的心情而購買的呢？**想要藉由商品來獲得外界肯定是很辛苦的，將會陷入無止境追求物質的輪迴。**慢慢培養自己的實力與價值，有一天，當你由內而外散發出自信的光芒時，便再也不需要尋求外界的肯定了。

## 不好意思婉拒推銷

在店員、銷售人員的強力推銷之下，買了一堆東西，回家後才感到後悔。所謂見面三分情，因為店員花了很多

時間為你介紹、講解商品，你明明知道這個東西用不到、不適合你、花這些錢會讓你有負擔，但礙於情面卻不好意思拒絕，或是拒絕之後他還是繼續拚命推銷，最後只好乖乖把錢交出來。

這些狀況不僅可能來自陌生的銷售人員，甚至可能來自親朋好友，要拒絕更是難上加難。不好意思拒絕的心情也是造成金錢流失的原因之一。

未來面對這種情形時，我們既不要虧待別人，也不要委屈自己，可以用委婉、客氣的口吻謝謝銷售人員花這麼多時間為你講解，但是你真的不需要。起初可能會覺得有點難，但經過一次次練習，堅定自己的立場，勇敢地拒絕，然後內心默默祝福這位銷售員，趕快找到真正需要這些商品的消費者。如此一來，你內心沒買東西的不好意思、甚至有點愧疚的感覺，就會消失無蹤了。

除了以上這些消費例子，你也能觀察一下生活中還有哪些情況會讓你購物，靜下心來找出背後的原因是什麼，試著想出一些應對的方法，未來，你在購物時就會變得越來越有智慧了。

## 18 聰明使用信用卡和行動支付

現代人追求便利、快速、效率，最好能在短時間內解決事情。在購物時也是一樣，結帳的時候只要把信用卡、手機掏出來，刷一下、嗶一下，這畫面是多麼快速方便啊！甚至還能散發出一股時尚、帥氣的氣息呢。

等一下，我們按個暫停鍵，看看這幅畫面中是否有什麼問題？我們平常做作業、交報告、完成工作、執行任務，甚至像是倒垃圾、洗碗盤、洗衣服、整理房間等家事，常常能拖就拖、能推就推，非要等到最後關頭才開始做。那為什麼，在買東西時卻要用最快的速度把錢往外推，你有想過這件事嗎？

隨著金融科技的進步，交易媒介由實體貨幣演變為信用卡和行動支付工具，已成為未來的趨勢，但當中暗藏了

不少陷阱及社會問題。

還記得需要、欲望、需求這三者的差異嗎？我們需要的東西及渴望的東西，若要達成需求的條件，必須要有錢、負擔得起、支付得起，才能買下它、擁有它。

需要有限、欲望無窮，過去人類無窮無盡的欲望之所以會被限制住，是因為在以物易物或是使用貨幣做為交易媒介時，你沒有物品就無法和他人交換東西，沒有金錢就沒辦法買到想要的東西，**我們必須擁有實際的購買能力，才有辦法完成商業交易**。就算想要用借錢、貸款的方式取得資金，也必須經過申辦與審核的程序，這些都讓隨意消費這件事變得困難。

以前，店家必須收到顧客從皮包或口袋裡拿出來的鈔票或銅板，才會讓顧客把東西打包帶走，身上沒有錢只能乾瞪眼，買賣是無法成交的。但近年來，拜信用卡與行動支付所賜，人們可以不用考慮自己到底有沒有錢，只要刷一下、嗶一下，不用付錢（真的掏出錢來），就可以把東西統統帶走。

2021 年，全台刷卡金額高達 3 兆 1,077 億元，創下了

歷史第二高金額的水準。根據兆豐銀行的統計，2022 年，行動支付的交易筆數和交易金額都呈現翻倍成長，行動支付交易筆數比前一年成長了 126%，消費金額的成長幅度則高達 143%。這樣的成長趨勢對金融業和商業界是利多消息，但對民眾而言，過度消費可能有害個人和家庭的財務健全。

信用卡和行動支付讓人們跳過「有錢（有現金）才能消費的交易規則」，直接進入「刷一下、嗶一下就能消費的交易模式」，所以購物變得很輕鬆容易，就算之後帳單

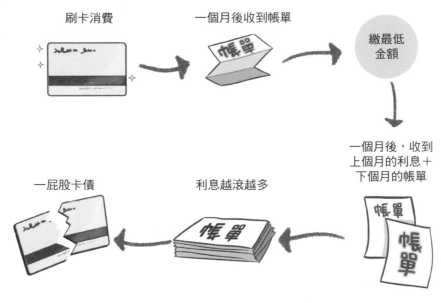

**圖表 5-6　刷卡只是延遲付款的時間**

來了沒錢繳納，只要先付最低應繳金額即可，其他金額就眼不見為淨，挪到分期付款裡。然而，舊的帳單尚未還完，新的帳單又來了，債務越滾越多，累加的利息也越來越高，最後欠了銀行一屁股卡債，淪為名符其實的「卡奴」。

## 避免成為卡奴的方法

台灣曾於 2005 年爆發嚴重的卡債風暴，當年，高達 80 萬人淪為卡奴，每人平均卡債金額超過百萬元，有些人因此信用破產，甚至有人因此走上絕路，了結寶貴的生命。這種花錢不用馬上還的錯覺，讓消費者不自覺越花越多錢、也越欠越多錢，彷彿吸毒一樣，有人因此稱信用卡、現金卡為「塑膠鴉片」。

根據 yes123 求職網站於 2021 年所進行的調查，台灣 39 歲（含）以下的年輕勞工族群的每月財務狀況，「收支平衡」的比例為 36.1％，「收入大於支出」的比例為 29.1％，「出現財務赤字」的比例高達 34.8％。

造成青年勞工負債的原因，經由調查後發現，依序是學貸（49.2％）、一般信用貸款（36.1％）、卡債（31％）、

車貸（20.2％）、替親友背債（19.1％）、房貸（17.7％）、創業失敗（11.4％）、投資失利（9.5％）等。學貸位居榜首，大學一畢業就背負沉重的負債，這連帶也使得儲蓄和投資的金額變少了。最好調整一下自己花在休閒娛樂的時間以及準備課業的時間，二者之間的比重，一旦考上公立大學就可以減輕自己未來的學費負擔。

再來，有超過30％的人有卡債，為了避免步入這個後塵，我們必須引以為鑑，未來在刷卡消費時，應當評估自身實際的經濟狀況。

如果善加利用信用卡和行動支付，可以享受各種購物優惠、紅利、現金回饋、延期付款等好處，但要獲得銀行或廠商所提供的利益，它的前提是你必須先花錢。所謂羊毛出在羊身上，千萬不要因小失大。會積欠卡債、成為卡奴，是因為超出了自己的購買能力，寅吃卯糧，沒有錢卻想要消費、享受。信用卡和行動支付使用不當的話，就如同前面形容的，像是一種會讓人上癮的「塑膠毒品、行動支付毒品」。

為了避免未來步入債務越滾越大、萬劫不復的負債人生，有一個看起來很麻煩、卻可以好好保護自己，讓自己

財務健全的方法。那就是，**每當你用信用卡或行動支付購買東西時，回家後，要確確實實地從皮包裡拿出今天所消費的金額，把它們放到一個專屬信封裡，等收到帳單時，就不愁沒有錢繳費了。**

現在，大家用到鈔票和銅板的機會越來越少，對金錢的感覺越來越薄弱，很容易就會陷入過度消費的陷阱。每天把消費掉的金錢從皮包裡拿出來、再放到信封裡，這樣的步驟一方面可以讓你確實感受到錢被花掉的感覺，另一方面也能讓你掌控日常的支出狀況。

有些人在學生時代可能還沒有信用卡與行動支付工具，等未來擁有了這些金融工具，剛開始可以練習把每次刷一下、嗶一下的金額從皮包中拿出來、放到信封裡，藉由這些動作，可以讓你感受到，原來錢會一點一滴從皮包裡消失，原來看到錢越來越少，會有捨不得的感覺。

等到你真正學會用正確心態來使用這些支付工具時，就可以不用再把錢從皮包裡拿出來、放到信封裡了。但如果你願意持續做下去，其實也是一個很好的習慣，因為你不會落得和其他不知節制的人一樣，繳不起信用卡帳單，而成為卡奴。

　　信用卡與行動支付是未來不可避免的金融工具，它能為消費者帶來好處，卻也可能造成傷害，所謂水能載舟、亦能覆舟，一定要謹慎使用哦！

## 19　讓財務更健全的 2 大方法

常聽到有些人感嘆自己不知道把錢都花到哪邊去了，為什麼會發生這種狀況呢？因為他們既沒有分配薪水的用途，也沒有記錄金錢的流向。為了改善這個問題，必須要從「編列預算」和「記帳」這兩件事著手。**編列預算的意思，是指你要先知道自己有多少錢、有哪些支出項目，事先規劃這些錢的分配方式，之後花錢時就能有參考準則。**

成人可以根據自己為單身或已婚、家庭成員的組成分子、人生階段、生活型態、偏好需求、經濟能力、所得水準等因素，列出每個月例行性的支出項目有哪些，非例行性但預計未來會發生的支出項目有哪些，以及可能發生哪些預期外的支出項目，然後再根據這些支出項目的輕重緩急，把薪水／收入規劃出金錢分配的比例。

第 4 章有談過，拿到薪水必須優先支付給自己，所以要先把 10％儲蓄起來，其他的就依照每個家庭的狀況進行安排，例如：家庭計畫基金 10％、購屋基金 10％、教育基金 10％、醫療保險 5％、家庭娛樂 5％、日常生活所需50％（見圖表 5-7）。以上為參考範例，每個家庭都應根據實際狀況，規劃出更適合自己的版本。

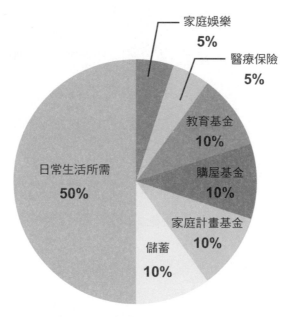

圖表 5-7 每個月收入的分配比例

多數學生的主要收入來源是零用錢，少部分人有打工的機會，就把零用錢與打工薪水合併在一起，安排預算比例。第一步要優先支付給自己，把 10％儲蓄下來。接著，

把 30％另外存起來做為願望基金，當累積足夠金額時，就能買下自己很想買、比較貴、之前買不起的東西了。剩下來的 60％，可以拿來做為日常的生活消費（見圖表 5-8）。

當然，有機會最好慢慢練習增加儲蓄的比例，由 10％增加為 15％、20％，從小開始培養儲蓄的良好習慣，長大後就不會對儲蓄感到困難，而且也能為自己累積更多的投資基金。

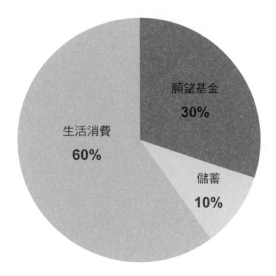

圖表 5-8　學生每個月零用錢的分配比例

其他額外收入，例如：獎學金、比賽獎金、中獎、壓歲錢，甚至大人的績效獎金、紅利、年終獎金等，由於比較像是天外飛來的意外之財，大家就容易覺得無所謂、不

珍惜，時常隨意花光。人類很奇怪，不花錢時會覺得很難過，全部花光光後卻會感到後悔。

最好的辦法就是，也為這些錢進行預算安排。**既然這些錢是無中生有、多出來的，我們就可以「多」優先支付給自己，30％儲蓄起來，30％累積到願望基金，剩下來的40％，就可以無後顧之憂地開心使用**（見圖表 5-9）。

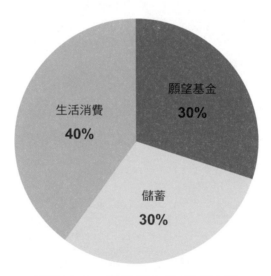

圖表 5-9 額外獎金的分配比例

 ## 用記帳了解你的錢去哪裡了

安排好預算之後，接下來我們就要開始記錄每個月的

收入（零用錢）及每天的花費，有些人喜歡傳統的手寫記帳本，有些人偏好用手機或電腦記錄，只要找到適合自己的方法，哪種形式都可以。

有些人期待變成有錢人，卻嫌記帳很麻煩。如果連自己每個月有多少收入、把錢花到哪裡都不清楚，怎麼可能變成有錢人呢？有人誤以為記帳的目的是為了達到省錢的目標，但它真正的意義，是為了讓我們了解金錢的流向，有哪些金錢流進來了、源頭是什麼、金額有多少，以及有哪些金錢流出去了、流到哪些地方、金額有多少。最後，再總結出金錢流進（收入）與流出（支出）是否平衡，如果入不敷出，就必須找出問題的癥結點。最根本的方法，還是回歸到增加收入和減少支出兩個方面來進行改善。

若只是單純地把每天一項項的消費名稱與金額記下來，久而久之就變成一種例行性工作，漸漸就會覺得無聊，也忘了記帳的意義是什麼。記帳的重要功能，就是協助分析自己的購物模式與消費習慣，例如：每週都要回顧自己把錢用來買哪些東西，品項、價格、時間、地點、購買原因是什麼。

如果發現某天買了特別多的餅乾、零食和飲料，而那

天在學校或公司發生讓你憤怒或壓力很大的事，進一步意識到自己為了發洩情緒而大吃大喝。之後，當你出現壓力時，便可以開始練習去感受和注意自己正在經歷情緒的波動，找機會去上個廁所、換個環境，提醒自己轉換心情、冷靜一下。如此一來，就不會讓緊繃的情緒誘發你想大吃大喝的欲望，少吃零食，身體不僅會比較健康，也可以把零用錢省下來。

另外，明明幾乎沒花到什麼錢，怎麼每個月底還是快要透支呢？原來，只要有朋友邀約吃飯、出去玩，就會花一大筆錢。如果這樣的消費金額讓你負擔很大，要偶爾找個理由拒絕，或是誠實跟朋友說明你的處境。

你可以透過收支簿所呈現出來的客觀數據和消費行為（見圖表 5-10），發現一些過去自己未曾發覺的面貌，例如：你常去哪些商店消費、最常購買哪些商品，哪些原因會讓你忍不住花錢買東西，你偏好哪種類型的商品等。你也能在事後冷靜地分析，哪些東西其實是想要而非需要，哪些東西是一時衝動買下來的，哪些東西買了以後根本沒用到，哪些東西根本不值得買，哪些東西買了以後很後悔等。**記住這些消費經驗，未來再遇到類似狀況時，要提醒**

自己更理性。

　一旦你越來越了解自己，就能有效地進行收支管理，讓自己的財務更健全了。

| 日期 | 項目 | 收入 | 支出 | 餘額 | 備註 |
|---|---|---|---|---|---|
| 1/1 | 一個月的零用錢 | 2,000 | | 2,000 | |
| 1/1 | 儲蓄 | | 200 | 1,800 | |
| 1/2 | 飲料 | | 50 | 1,750 | |
| 1/4 | 夾娃娃機 | | 80 | 1,670 | |
| | | | | | |
| | | | | | |
| | | | | | |
| | | | | | |
| | | | | | |
| | | | | | |
| | | | | | |
| | | | | | |
| | | | | | |

圖表 5-10　記帳本的基本內容範例

# 第 6 章

# 累積真正的資產

原來投資的學問還真不少。

嘿嘿嘿……

讓你負債累累

也有不少人搞不清楚什麼是資產、什麼是負債，投資了老半天後，才發現這些資產竟然是披著羊皮的負債，但是後悔也來不及了。

我爸媽常對我和妹妹說：「你們兩人是我們這輩子最大的投資了。」

哎呀呀...

看來我可要加把勁、好好努力，以免我爸媽老了以後，驚覺他們投資了一輩子的資產，竟然是負債。

哇哈哈哈～

哈

哈

# 20 跳脫倉鼠跑滾輪的人生

有些上班族賺到了錢，然後花掉了錢，再賺到更多的錢，然後又花掉更多的錢。由於薪水是他們的主要收入來源，只要沒有上班就沒有薪水，所以只能拚命奔跑、無法停歇。這樣每天沒日沒夜地工作，就像在滾輪上跑到懷疑人生的倉鼠。

解決困境的第一步，就是必須把一部分的薪水優先支付給自己，開始儲蓄。第二步是減少支出，更聰明地消費。第三步是想辦法增加收入來源。不論是透過減少支出（節流）或增加收入（開源）的方式，都能幫助你有更多的錢可以存起來。但是，有些人發現他們的儲蓄雖然增加了，通貨膨脹卻讓好不容易存下來的貨幣貶值，導致儲蓄資金的實際價值不增反減。

　　之所以會發生這個問題，是因為他們忘了執行第四個步驟，也就是把存下來金錢拿來進行「投資」。**唯有把金錢轉換成「資產」的形式，才能啟動金錢的增值功能，也就是用金錢創造金錢的效果。**

　　我們想像一下這個畫面：一個上班族之所以能領到薪水，是因為他主動付出了自己的時間、心力、勞力去工作；但是他如果沒去工作，就領不到薪水了，顧名思義，這類的收入就稱為「主動收入」或「勞動收入」。

　　我們再想像另一個畫面：這個上班族除了自己去上班，**也把他的儲蓄拿去進行投資，也就是幫他的錢也找了一份工作，**他的錢因此開始工作、領薪水。由於這份薪水不是出於他本身的勞力，而是他所投資的錢幫他賺來的，所以這樣的收入稱為「被動收入」。我們以「幫錢找份工作」的概念來想像投資這件事情，就比較容易了解利用金錢創造金錢的意思。

　　一個上班族如果只有一份薪水（主動收入），為了賺取生活所需的錢，就必須永無止境地工作，如同不停在滾輪上奔跑的倉鼠。但是，如果確實執行兩個致富組合的原理：「開源＋節流」及「儲蓄＋投資」，就可以多領到一

份被動收入。這時候，倉鼠的奔跑模式已經轉變成：賺錢（增加收入）→儲蓄（優先支付給自己）→花錢（減少支出）→投資（累積資產）→賺錢（增加收入）→儲蓄（優先支付給自己）→花錢（減少支出）→投資（累積資產）⋯⋯，新的循環模式了（見圖表6-1）。

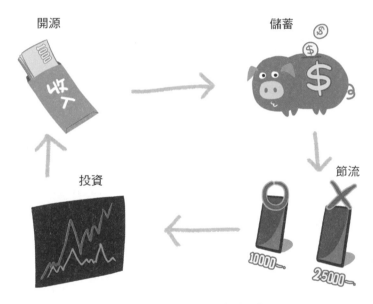

**圖表 6-1　正向的金錢循環**

如此一來，這個上班族就有機會休息，倉鼠可以暫時離開滾輪喘息，也能減輕對金錢的擔憂、恐懼、煩惱，因為他的財務多了一分保障，活得更安心，也能享受更好的生活品質與物質條件。

只要持之以恆進行投資，被動收入就會持續增加，有朝一日，當被動收入的金額大於主動收入（薪水）時，倉鼠甚至可以完全離開滾輪，在財富自由、無經濟壓力的情況下享受生活。

## 21 想成為富人必須買入資產，而非負債

有「德國巴菲特」之稱的歐洲第一理財大師博多・雪佛（Bodo Schäfer）指出：「窮人為了錢而工作，中產階級為了錢更加辛苦地工作，富人則讓他們的錢去工作。」*以及「貧窮的人有債務；中產階級盡力支付義務，並相信自己是在投資；有錢人購買有價值的資產，並不斷增加投資」。

此外，理財暢銷作家羅勃特・T・清崎（Robert T. Kiyosaki）也提出了相似的觀點：「富人買入資產；窮人只有支出；中產階級買入他們以為是資產的負債。」†

這兩位理財大師不約而同地建議我們，想要成為富人

---

* 出自《億萬富翁為你加薪 20％》（*Endlich Mehr Verdienen*），博多・雪佛著。
† 出自《富爸爸，窮爸爸》（*Rich Dad, Poor Dad*），羅勃特・T・清崎著。

（有錢人），最重要的是必須「買入資產」，而不是「買入負債」。

究竟什麼是資產、什麼是負債，二者有什麼差異？應該如何區別呢？以他們的觀點，簡單來說：**資產是能把錢放進你皮包（口袋）的東西，負債是把錢從你皮包（口袋）裡取走的東西**。如果想要變得富有，應該持續不斷地購買資產；相反地，如果持續不斷買入負債，只會讓自己越來越貧窮。由於很多人搞不清楚資產與負債之間的差別，錯誤買入不少看似是資產的負債，導致金錢不斷地流走，債務越來越多，因此陷入財務危機。

我們該如何判斷購買的某項東西，究竟是資產或負債呢？關鍵在於要去評估「金錢會往哪個方向流動」。金錢究竟會流入你的皮包裡？還是從你的皮包裡流出去？這裡必須先說明，購買了生活所需的日常用品、家具家電等設備之後，金錢確實會從皮包裡流出去，但我們不能因此把它們當成負債，否則就矯枉過正了。面對這類支出時，只要聰明消費，便能有效管理金錢的流向。

博多‧雪佛和羅勃特‧Ｔ‧清崎都認為，造成許多人財

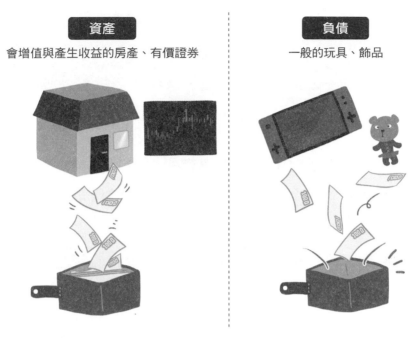

**圖表 6-2 資產和負債的不同**

務出現問題的關鍵,在於他們不斷購買自認為是資產的負債。我們來看看,這兩位理財大師是如何釐清某些東西究竟是負債或資產的獨特觀點。

## 為生活帶來負擔的負債

舉例來說,用貸款的方式買了一台汽車,之後每個月還要繳交車貸。承租停車位、外出臨停的停車費、加油費、

維修保養費、清潔美容費、保險費、牌照稅、燃料費，甚至交通違規罰單等支出，這些都會讓金錢不斷地流出皮包。此外，新車一領到車牌落地後，價值立刻折舊 20％，此後每年還會持續折舊，整體價值越來越低。

**雖然汽車在資產負債表中被歸屬於資產項目，卻會不斷掏空持有者的金錢，所以它的本質比較像是負債，而非資產**。有些年輕人在步入職場一陣子、有了一小筆積蓄後，便興奮地添購汽車，殊不知汽車這項所謂的資產，在購入後將會持續發生大大小小的各種支出，這正是造成未來財務漏洞的一大原因。

在工作初期，盡可能搭乘大眾運輸工具，必要時再以租借的方式應變，把買車、養車的錢省下來，讓自己有更多資金去投資、購買資產，等到未來財富達到一定水準，有負擔能力時再購買。但像是計程車、貨車、遊覽車、餐車、公車、砂石車等車輛，是用來營業、獲利的工具，所以屬於資產項目。

網路、新聞媒體或電視節目，常會報導某些名人、明星宣稱他們購買的珠寶、首飾、包包、名錶、名畫、骨董等物品，一轉手就賺了多少錢，讓許多市井小民心生羨慕，

想要依法炮製來投資獲利。但老實說，有些買家之所以會願意付高價去購買，可能是因為這些東西被名人、明星加持過，所以隱含著炫耀的成分。再來，這些名人、明星有著精準的眼光，可以挑選出限量、稀少、珍貴的精品，而且他們有特殊的購買管道和銷售管道，不用擔心買貴了或是無法脫手。

由於一般人的財力有限，也非這方面的專家，買到的商品通常不到珍藏品的等級，未來增值的空間就相當有限，甚至會貶值、乏人問津、賣不出去。再來，持有期間還必須花費心力去保養、收納、管理，導致金錢不斷流出皮包。

有意進行這方面投資的人，可以去販賣二手包包、珠寶首飾的商店，查看一下貨架上這些二手商品，它們的價格比精品店展示架上的新品高或低呢？令人失望的是，所謂的精品在過季之後，因為失去了流行性與話題性，通常會以打折的方式促銷出清。如果你真的非常有興趣，一定要去接受鑑定方面的訓練，並且讓自己成為這個行業的專家，而非玩家，以免未來不慎買入一堆負債、而非資產。

有些人基於好奇和興趣，買了模型、公仔、玩具、遊戲卡、積木、郵票、紀念幣、明星周邊商品等東西，時常

流連於網路上或專賣店的交易平台，因此忍不住買了越來越多東西，甚至開始以收藏家自居，期望有一天能成為這方面的專家，並且成立自己的專賣店。

**能賣得掉且確實會增值的東西才稱得上是資產**，否則只能歸類於負債。生活中確實存在著這類的愛好者，但畢竟是屬於小眾市場，只有少數人能靠這類交易致富，因為市場交易清淡而難以生存的人大有所在。想想看，你幼兒園、小學、中學、大學等不同階段，曾經流行過哪些類型的收藏品，長大後回去看看之前流行的東西，你會不會覺得一點興趣也沒有，甚至有點幼稚呢？這些東西現在要轉售的話，賣得掉嗎？售價有大幅增值嗎？

適度收藏可以怡情養性、讓自己感到開心，然而一旦囤積過度，還要花錢買卡冊、書櫃、置物櫃、防潮箱來收納。當數量越來越多時，就會堆積到家裡的各個角落，除了造成髒亂，也影響居住空間和生活品質。

為了顧及自己的荷包和財富，以後在商店看到很心動的商品時，建議慢慢改成只看不買（window shopping）、純欣賞不購物的習慣。

## $ 有附加價值的資產

買了房子，除了每個月要繳房貸，還有修繕費、房屋稅、地價稅、保險費等支出，由於金錢不斷流出皮包，博多‧雪佛和羅勃特‧T‧清崎便把房屋視為負債而非資產，這項顛覆傳統觀念的定義，引發不少爭議。在這裡，先不探討這樣的觀點是對或錯，我們把它調整為比較符合東方文化與風俗民情的角度來討論。

「有土斯有財」這句話深植於華人的思想，房子能用來滿足馬斯洛需求層次最底層的生理需求和安全需求，讓家人有安身立命之處。此外，房子也有助於凝聚家人的情感，滿足第三層愛和歸屬感的需求。

因此，我們不須偏激地把房子視為無情的負債，可以把它視為情感的負擔。只是在選擇房屋時，要評估自身的經濟狀況，千萬不要遠遠超過自己所能承擔的房貸能力，否則就像一隻小蝸牛，硬要背一個又大又重的殼，很快就會被壓垮。先求有、再求好；先買小、再換大；先郊區、再市區。如果房貸金額過高，一來金錢的壓迫感會很重，再來手邊也沒有剩餘任何資金可以拿來投資，這樣就無法

同步累積財富和資產了。

廣義來說，博多‧雪佛和羅勃特‧T‧清崎認為，能增值以及產生收入（房租）的房子才算是資產。房地產確實是一項投資工具，但若只是假借資本主義、自由貿易的口號，沒有為房子創造實質的附加價值，只是透過不斷轉手的方式進行炒樓炒房，這種為富不仁、投機取財的做法，最終只會加劇貧富差距，甚至引發嚴重的社會問題。

此外，有些人買房子當包租公、包租婆，一心只想賺錢，提供房客不良的居住環境，並不斷抬高房租，試圖把購屋的房貸轉嫁到房客身上，讓房客為自己背負房貸。會租房子的人，通常是經濟條件比較不好的人，所謂己所不欲、勿施於人，房東應該將心比心。君子愛財、取之有道，房地產不應該被拿來炒作，房客也不應該成為被犧牲利益的對象。

亞馬遜（Amazon）創辦人貝佐斯（Jeff Bezos）曾說：**「聰明是一種天賦，善良是一種選擇。」**聰明如果被運用在不好的地方，將會成為傷害他人的利器。這種投機風氣一時半刻無法立即改善，期望良善的風氣能夠逐漸散布開來，讓我們擁有一個安居樂業的社會。

　　某項商品究竟應該歸屬於資產或是負債，並沒有一個絕對客觀、放之四海皆準的標準，但是「資產是能把錢放進你皮包（口袋）的東西，負債是把錢從你皮包（口袋）裡取走的東西」，不失為一個簡單、有效的評估準則。還有一個判斷的方法：捫心自問這是需要還是想要？你是否用了一些藉口或說詞，說服自己或他人，把實則為欲望的負債編織為資產？只要能誠實地面對自己，未來你管理財富的能力就會越來越強大。

# 22 創造複利的 9 種投資工具

　　不少人終身勤奮工作，省吃儉用，也把大部分的錢都存起來了，卻沒有因此變成富人。那是因為他們沒有執行致富組合：「開源＋節流」及「儲蓄＋投資」，其中的「投資」這個步驟，也就是持續不斷購買資產。當你已經把薪水優先支付給自己，也就是把一部分的薪水儲蓄起來之後，必須再將儲蓄拿來做為投資基金，購買能夠把錢放進皮包裡的資產，啟動金錢增值功能，發揮金錢創造金錢的效果。

　　如此一來，一個上班族除了靠自己的時間與體力來賺取主動收入（薪水），還能利用儲蓄來賺取另外一份被動收入。持續累積資產，一旦資產可以產生的被動收入金額大於薪水時，這個上班族就到達了一個新的財富里程碑——即使他不去工作，也能靠資產所產生的現金流來支應

生活開銷。

　　只要能夠妥善運用管理這些資產，便能脫離被錢追著跑以及追著錢跑，既疲累又恐慌的倉鼠跑滾輪生活。此外，**在沒有經濟壓力與精神壓力之下，還可以用更輕鬆的心情繼續上班，發揮自己的才能，而且還有能力投入公益活動，幫助經濟窮困的人，讓我們的國家社會更祥和。**

## 做好準備，再開始投資

　　常見的投資工具包含了銀行存款、股票、共同基金、ETF、債券、房地產、外幣、外匯、期貨等（見圖表 6-3）。

　　投資並非穩賺不賠、沒有風險的事情，為了避免損失，應該這麼做：

1. 把資金投資在安全的地方
2. 不要投資自己不了解的項目
3. 資產必須能保值、增值及產生收益
4. 投資的方法不能太繁瑣複雜，必須有清楚、明確的程序與準則

**圖表 6-3　9 種常見的投資工具**

　　我們必須先學習投資的相關知識，做好準備才能開始投資，否則，很容易就會誤信某些誘人的資訊，讓自己的資金暴露在風險中。

　　銀行存款、股票、共同基金、ETF 是當今比較普及的投資工具。由於緊急預備金是為了臨時應急所用，發生意外時必須在最短的時間內取得，因此多數人會將這筆資金存在銀行。儘管銀行存款利率很低，利息甚至可能會被通

貨膨脹給侵蝕，但為了保持應急資金的彈性，就不能太在意利息報酬很低。

## 💰 股票：成為好公司的股東

不是每個人都有能力與資金來成立自己的公司，因此多數人選擇找一份工作，透過領薪水來維持生計。即便我們無法創業，卻可以藉由自己儲蓄的資金來買進某個公司股票，以這種方式來投資別人的公司。

有些好公司，可能你夢寐以求、卻一輩子都很難被錄取。既然無法當這間好公司的「員工」，那就改當它的「股東」，**只要投資這類公司、買進它的股票、擁有它的股權，就能讓那些比你更優秀的人才為你工作，你就能同步享受這間好公司的經營成果。**

但證券市場上的公司眾多，良莠不齊，而且股票價格的波動起伏劇烈，對學生族群來說風險太大，也太複雜了，最好等學習了更多的金融知識，以及了解整體經濟環境，有足夠的能力與經驗，再開始投資股票。

##  共同基金：讓專業經理人幫你投資

有些人想投資，但缺乏時間進行研究，或是擔心自己沒有經驗、專業能力不足，所以委託金融專業人士、也就是基金經理人，把投資人的資金集合起來，幫他們挑選適合的投資標的。

這就很像是由基金經理人帶著所有投資人的資金，到市場裡去幫忙挑選商品，再把這些商品放到「購物籃」裡。這樣的投資方法稱為「共同基金」，這也是為何大家常聽到共同基金的投資標的是「一籃子」的緣由。

共同基金是由基金經理人主動評估、篩選投資標的，這類基金因此稱為「主動型基金」。由於基金經理人需要不停花費心力去研究、管理基金，所以會收取較高的管理費和手續費。基金公司在扣掉必要的管理費和手續費之後，再把投資獲利分配給投資人做為報酬。

##  ETF：一年投資 2 次

還有一種類似共同基金的投資工具，稱之為 ETF

（Exchange Traded Funds），簡稱為指數股票型基金。ETF 是由基金公司和基金經理人先把投資標的標準設定好，只要符合者就會被納入這個 ETF 裡，成為它的成分股。

然而，ETF 是根據預設的標準來進行評估，一旦某個投資標的不符合準則時就會被刪除，再由符合標準的新標的納入成分股，因此是一種「追蹤指數」的投資方法。ETF 經理人只是配合準則而「被動」地調整投資標的，因此管理費和手續費就比較低。由於 ETF 是配合準則來篩選投資標的，所以被稱為「被動型基金」。

共同基金和 ETF 近年來成為熱門的投資工具，然而並非所有的資產管理公司、基金經理人、共同基金、ETF，都有卓越的專業能力與投資績效。此外，共同基金和 ETF 投資的對象非常多元，涉及的國家、產業、公司、金融商品的層面也相當廣泛，有些風險很大又複雜。

近年來，新興的共同基金和 ETF 不斷推陳出新，新商品並非不好，只是因為缺乏過去的參考資料，比較難確保未來的發展績效能否達到原先設定的水準。**對於力求安全穩健的投資人而言，最好挑選至少有 10 年以上的歷史紀錄，而且過去保持良好投資績效的標的做為投資對象。**投

資人必須衡量自身的偏好與需求、投資目標、資金多寡、風險承受度等因素，謹慎挑選適合自己的標的。

**對於未成年的青少年與孩童來說，投資的首要目的，是在安全穩健的情況下讓資產持續增加。** 因此，選擇具備良好投資績效表現，以及會穩健配發優渥股利的 ETF，並且以定期定額的方式進行投資，是一個令人安心的方法。

由於未成年學生尚未進入職場，主要資金來自於零用錢、壓歲錢、獎金或打工所得的積蓄，這些金額比較少也比較不固定，難以定期定額投資 ETF。變通的方法就是一年投資兩次，以每個學期、也就是半年的時間來存錢。

上學期開學後，從 9 月開始存錢，存到隔年領完紅包後，再將一部分壓歲錢存起來，把這半年來所有的存款在寒假 2 月時拿去投資 ETF。如果金額不足以買到一整張 ETF，那就換算一下這些金額可以買到多少零股。接著，下學期從 3 月開始存錢，一直存到暑假 8 月的時候，再把這半年來存到的錢投資購買 ETF。透過這樣的方式，一年就可以投資兩次 ETF 了。

對於一個國中一年級的學生而言，國中 3 年、高中 3

年、再加上大學 4 年，一共有 10 年的時間可以投資，一年投資兩次，總投資次數高達 20 次呢！

## 滾雪球的投資魔法

投資大師巴菲特（Warren Buffett）曾說過：「人生就像一個雪球，重要的是，要找到溼的雪和一個非常長的山坡。」他的意思是，只要讓一個小雪球從布滿溼雪的山坡往下滾，在翻滾的過程中，由於小雪球不斷沾黏雪花，最後就會越滾越大、滾成一個大雪球。

還記得想要富有的話，就必須不斷購入資產嗎？因此，**每當 ETF 配發股利的時候，必須再把這筆錢用來購買 ETF，唯有把股利轉換成資產的形式，才能發揮金錢創造金錢的效果**。之後，這些用股利購買的 ETF，也將成為你資產的一部分，加入配發股利的行列，開始發揮錢滾錢、利滾利的「複利」魔法，讓資產像雪球一樣越滾越大。

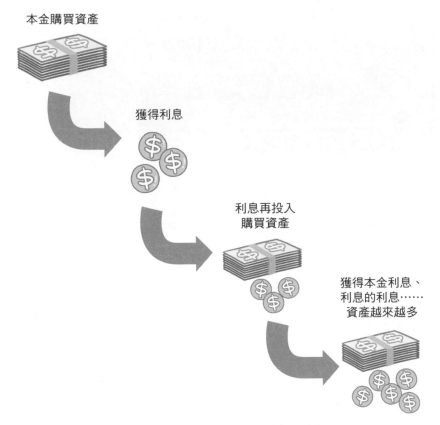

圖表 6-4　運用金錢創造金錢

## 23 避免變成肥羊的風險管理法

　　投資風險主要來自三個方面，第一個是來自投資標的本身，或是總體經濟政治層面的影響；第二個是投資詐騙；第三個是輕忽個人的風險承受度。

投資標的與整體經濟

遇到投資詐騙

輕忽個人的
風險承受能力

圖表 6-5　3 種主要的投資風險

　　首先，現代的投資工具與投資管道越來越多元，不是買進所有資產都會穩賺不賠。**投資可能賺錢，也有可能賠錢**，為了獲得利益並避免風險，你必須花時間研究，找出自己有興趣且可以理解的投資項目，弄清楚它們的交易規則、獲利模式、潛在風險。

　　你要經常關注與國內和國際相關的經濟貿易、貨幣政策、財政規劃、景氣循環、民生消費、股市趨勢、產業動態、科技發展等新聞，更要針對有興趣的企業或產業進行調查。慎重分析完再進行投資，購入資產後，也必須觀察數據變化與投資成效，必要時再修正投資策略與資產組合。

　　透過持續不斷學習財務知識、累積經驗，你將成為一個獨當一面、聰明睿智的投資人，讓自己的財富與資產與日俱增。

　　第二是投資詐騙。根據刑事警察局的統計資料顯示，投資詐騙從 2021 年開始，成為全台詐騙案件類排行榜第二名，2020 年的投資詐騙金額為 10.27 億，2021 年暴增一倍至 21.94 億，2022 年 1 月至 11 月累計統計詐財金額高達 27.73 億元。刑事警察局也指出，犯罪集團的投資詐騙流程大致上有 4 個步驟：

1. 投放假投資廣告，或在交友軟體 APP 上假交友、真詐騙。通常宣稱保證獲利，並以豐厚利潤來引誘被害人上鉤。

2. 當被害人上鉤後，詐騙集團便開始介紹其他老師、客服、助理等同夥加 LINE 聯繫，或邀請加入 LINE 投資群組，再提供假投資網站或 APP 請被害人註冊。LINE 群組內會有其他假學員不斷發表獲利貼文，藉此炒熱投資氣氛。

3. 一開始平台會顯示投資獲利金額，引誘被害人投入更多資金。過程中，有時可能匯給被害人一些獲利金，讓被害人誤信此投資真的能賺錢。但這些平台其實是由歹徒在後台設計、操控的，這些獲利金通常來自其他被害人的匯款，有些被害人的銀行帳戶因此成為警示帳戶。

4. 當被害人想要提領獲利金額時，歹徒會以各種理由進行拖延，例如：需要繳保證金、手續費、IP 異常等。詐騙集團最後失去聯繫、關閉投資平台，由於無法取回資金，被害人因此血本無歸。

此外，詐騙集團也會盜用一些名人和投資專家的照片、肖像與名義，在 Facebook、LINE、YouTube 及各種網路平台，成立假冒的投資社群與粉絲團，引誘民眾加入。他們甚至竄改這些名人和投資專家的媒體報導與影音節目內容，投放大量廣告，混淆視聽。這些內容幾可亂真，如果你發現一些真假難辨的訊息，一定要保持警覺，千萬別輕易相信，最好撥打 165 反詐騙專線，或是至 165 全民防騙網 *進行確認。發現詐騙事件時，也要幫忙檢舉，保護自己也保護他人。

近年來，投資詐騙新聞屢見不鮮，投資詐騙的手法不斷翻新，詐騙金額也不斷增加。當你看到快速致富、獲利翻倍、輕鬆賺錢的網路影音、社群廣告訊息或報導時，千萬要張大眼睛、三思而後行，不要落入投資詐騙的圈套，以免讓辛苦存下來的投資資金化為烏有。

第三是輕忽個人的風險承受度。人們之所以願意承受某些風險來進行投資，不外乎就是為了能夠獲得額外的報酬，藉此減少在職場奮鬥所需的時間，提早退休、享受生活。然而，每個人的風險承受程度不太一樣，有人高、有

---

* 內政部警政署 165 全民防騙網：https://165.npa.gov.tw

人低。此外，風險承受度的概念也有點主觀和抽象，究竟要如何進行估算呢？

　既然多數人投資的目的是希望能早日離開職場、獲得自由，那麼我們不妨把投資成功或失敗的風險，**以「少奮鬥幾年」vs「多工作幾年」的時間成本來進行計算**。當你想進行投機性比較高、風險性比較大的投資時，就去換算一下，如果不幸投資失敗時，這筆資金需要工作多少個月和多少年才能賺回來。

　例如：有一個人不慎虧損了 50 萬元，假設他一個月的薪水是 3 萬元，換算下來就是 16.7 個月，也就是一年又 4.7 個月的薪水（$500,000 \div 30,000 = 16.7$）。如果需要工作好幾個月、甚至好幾年的薪水，才能彌補這些虧損，你要問問自己是否願意犧牲這麼長的寶貴時間，不吃不喝、白做工來償還？

　**有些人會輕忽風險，在投資時抱持賭一把的心態，安慰自己就算賠錢也沒關係，反正錢再賺就有。**但我們的身體機能、耐力、精神終究會隨著時間而退化，若把寶貴的時間和心力用來工作補償，有點得不償失。因此，在追求獲利的同時，也要控管投資風險。

## 24 投資別人的同時，也要投資自己

　　這是一個互助的世界，我們每個人活在這個地球上，都需要其他人的支持與協助，才有辦法生存、完成任務，甚至實現夢想與願望。

　　我們不時會看到一些粉絲，瘋狂追逐著明星與偶像團體，花了大把金錢購買明星與偶像團體的作品或周邊商品，花了大量時間來欣賞他們的歌曲、演唱會、電影、戲劇、表演、動態消息等。

　　明星與偶像團體因為有了粉絲的支持，因此有了更多資源可以進行創作，有更多的作品可以發表，能夠實現自己的夢想，還能開名車、住豪宅、拿名牌包、穿戴精品、出入高級餐廳等，享受榮華富貴的生活。明星與偶像團體除了自身的天賦與努力，還需要粉絲的支持，才能功成名就。

偶像帶給粉絲們夢想，從他們的身上似乎可以看到一些未來的希望。你可能也花了許多金錢與時間在偶像身上，但是，**你花了多少金錢與時間在自己身上呢？你不斷把資源投入到別人身上，你有投資過自己嗎？**不同的人生階段會有不同的偶像，陪伴你度過不同的時光，然而，**真正能陪伴你一輩子的人，只有你自己。**所以，不要厚此薄彼，

**圖表 6-6　你想成為什麼樣的大人呢？**

只顧著把資源與時間投資在別人身上，卻忘了好好投資最重要的自己。

請想想你有什麼理想、願望、夢想，有什麼興趣、想學什麼東西、想擁有什麼技能、想從事什麼職業、想成為什麼樣的人、想擁有什麼樣的人生、想過什麼樣的生活？**你要好好地愛護自己、守護自己的願望，不要只把眼光望向外面的偶像，更應該把眼光望向自己內心深處的渴望，你一定要開始把更多的時間、精力、資源、金錢、心力投資到自己的身上。**

你對自己所做的投資，成果與回報都會一點一滴地累積在自己身上，你一輩子都會受用無窮。**最重要、最值得投資的資產，就是你自己！**

# 第 7 章

# 做自己的人生財務長

## 25　成為善良的有錢人

　　從古至今，大家都希望出人頭地，成為成功、富有的人。然而，在努力打拚一輩子之後，才發現這個願望難以實現，於是把所有希望都投注在子女身上，期盼著子女未來可以過得比自己更好，於是，這樣的寄託就一代一代綿延傳遞下去。

　　大多數的父母、爺爺奶奶、長輩們，都沒有受過投資理財的教育，也缺乏財經素養與金錢觀念，所以只能靠勞力養家活口，沒有太充裕的財富。即便有些人學習了投資理財的知識，但礙於上有高堂、下有子女需要撫養，以及來自環境、社會、家庭的諸多限制、壓力與包袱，因此不敢輕易做出改變，深怕一個錯誤就會失去一切。在迫於無奈的情況下，只能重複著倉鼠跑滾輪的疲憊人生。

　　也許有人曾經埋怨過，為何父母無法讓自己過上令人稱羨的生活？但如果我們可以設身處地去體會他們的辛酸與苦楚，明白他們已經盡力了，就能體恤他們的辛勞、感謝他們的付出、感激他們的養育之恩。

　　也許你曾遺憾自己無法成為富二代，那就努力讓自己成為富一代，並讓你的子女成為富二代；也許你感嘆自己沒有含著金湯匙出生，那就讓你的子女可以啣著金湯匙出生。**我們無法選擇父母與改變自己的出生，但我們可以掌握自己的人生，以及改變自己的未來。**

　　這是一個充滿機會的時代，只要找到方法並願意努力，每個人都可以享有豐盛富足的人生。現在，你已經學習了金錢觀念與投資理財的概念，所以要開始成為自己的人生財務長，把「開源＋節流」及「儲蓄＋投資」兩個致富組合落實到日常生活。另外，也要管理自己的投資事業，將儲存下來的資金做規劃，安排適當的投資管道，持續買進資產、累積財富。

　　一旦你了解金錢的運作法則，並且好好掌控自己的金錢流向，就開啟了致富的人生旅程。不要讓自己待在舒適圈裡，過著不滿意但尚且能接受的生活，這不是你應有的

人生。你要盡可能去發揮才能，克服旅途中的挑戰，讓自己更強大，實現你內心深處的夢想與渴望。沒有任何事物可以阻止你，能阻止你的人，就只有你自己。

## 善用金錢的力量

有人說，金錢是萬惡的根源，有錢會使人變得邪惡。其實金錢是中性的，端視擁有它的人如何使用它、賦予它何種力量。

金錢只會凸顯一個人的品格，一個品格良好的人，就會把金錢用在好的地方，像是提高生活品質、讓家人更幸福、幫助自己實現夢想、幫助窮困的人、投入慈善活動等，把錢用來做更多正面的、善良的好事。相反地，一個品格不好的人，只會顯得財大氣粗、自私自利，甚至將錢用在傷風敗俗、危害社會的事情上。

我們除了追求金錢上的富足，更要追求心靈上的富足，這樣才能獲得真正的幸福人生。

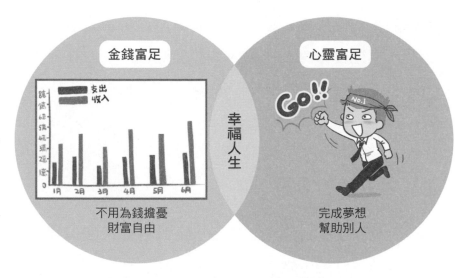

圖表 7-1　幸福來自於金錢和心靈的富足

　　所謂君子愛財、取之有道，賺錢與投資的方法有百百種，不要為了致富而一味地追逐金錢，變成唯利是圖的人。賺錢要秉持道德良知與公平正義，不要以不正當的手段去牟利，不要對別人隱瞞不實訊息來取財，不要覬覦別人辛苦賺來的錢財，不要為了賺錢而不擇手段，更不要鋌而走險、違法犯紀。

　　有些人越來越成功，而且持續穩定地成長；但有些人卻是一下成功、一下又失敗，成功與失敗交錯發生。是非善惡雖然看不到也摸不著，但天理卻在宇宙間默默運行，若能更有覺知，讓自己靠近良善、遠離邪惡，就能心安理

得地朝目標邁進。

印度詩人泰戈爾（Tagore）在〈用生命影響生命〉這首美麗的詩中提到：

> 「把自己活成一道光，因為你不知道，誰會借著你的光，走出了黑暗。請保持心中的善良，因為你不知道，誰會借著你的善良，走出了絕望。請保持你心中的信仰，因為你不知道，誰會借著你的信仰，走出了迷茫。請相信自己的力量，因為你不知道，誰會因為相信你，開始相信了自己。願我們每個人都能活成一束光，綻放所有的美好！」

請你在明白金錢的運作法則後，一定要付諸實際行動，讓自己成為一個富有的人，擁有更多資源與機會去體驗精采豐富的人生。而且，請你一定要成為善良的有錢人，讓自己更富裕、更善良、更美好，也幫助別人更富裕、更善良、更美好。

**你的光除了能照亮自己，也能照亮別人，當這個世界因你而亮起了一盞又一盞的光，我們的世界終將閃閃發亮。**

附錄①

# 思考未來目標的 3 階段：動手寫下來

運用下表，試著想想你是誰、你想做什麼，並寫下你的未來目標吧！

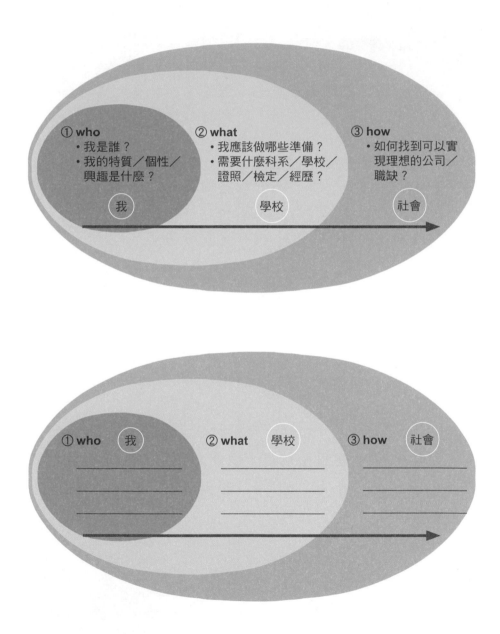

附錄②

# 聰明消費：必要的支出、非必要的支出

除了下圖中列舉的支出項目，你的生活中還有哪些支出呢？試著將它們區分為「必要」和「非必要」。

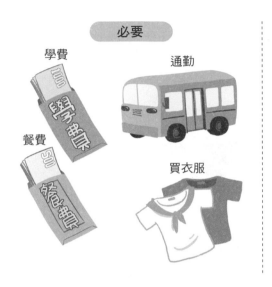

必要
學費
通勤
餐費
買衣服

非必要
最新款電動
零食
演唱會
限量球鞋

| 必要的支出 | 非必要的支出 |
| --- | --- |
| ✓ | ✗ |
| ✓ | ✗ |
| ✓ | ✗ |
| ✓ | ✗ |
| ✓ | ✗ |
| ✓ | ✗ |
| ✓ | ✗ |
| ✓ | ✗ |

附錄③

# 聰明消費：需要、欲望、需求超級比一比

除了下圖的情境，你的生活中還曾經發生什麼情境？它們分別是「需要」、「欲望」還是「需求」？

需要（need）　　肚子餓

欲望（want）　　吃什麼？

需求（demand）　　買得起、負擔得起

|  | 需要（need） | 欲望（want） | 需求（demand） |
|---|---|---|---|
| 情境 1 |  |  |  |
| 情境 2 |  |  |  |
| 情境 3 |  |  |  |
| 情境 4 |  |  |  |

附錄④

# 空白記帳頁

| 日期 | 項目 | 收入 | 支出 | 餘額 | 備註 |
| --- | --- | --- | --- | --- | --- |
| | | | | | |
| | | | | | |
| | | | | | |
| | | | | | |
| | | | | | |
| | | | | | |
| | | | | | |
| | | | | | |
| | | | | | |
| | | | | | |
| | | | | | |
| | | | | | |
| | | | | | |
| | | | | | |
| | | | | | |
| | | | | | |

| 日期 | 項目 | 收入 | 支出 | 餘額 | 備註 |
|---|---|---|---|---|---|
|  |  |  |  |  |  |
|  |  |  |  |  |  |
|  |  |  |  |  |  |
|  |  |  |  |  |  |
|  |  |  |  |  |  |
|  |  |  |  |  |  |
|  |  |  |  |  |  |
|  |  |  |  |  |  |
|  |  |  |  |  |  |
|  |  |  |  |  |  |
|  |  |  |  |  |  |
|  |  |  |  |  |  |
|  |  |  |  |  |  |
|  |  |  |  |  |  |
|  |  |  |  |  |  |
|  |  |  |  |  |  |
|  |  |  |  |  |  |
|  |  |  |  |  |  |
|  |  |  |  |  |  |
|  |  |  |  |  |  |

| 日期 | 項目 | 收入 | 支出 | 餘額 | 備註 |
|------|------|------|------|------|------|
|      |      |      |      |      |      |
|      |      |      |      |      |      |
|      |      |      |      |      |      |
|      |      |      |      |      |      |
|      |      |      |      |      |      |
|      |      |      |      |      |      |
|      |      |      |      |      |      |
|      |      |      |      |      |      |
|      |      |      |      |      |      |
|      |      |      |      |      |      |
|      |      |      |      |      |      |
|      |      |      |      |      |      |
|      |      |      |      |      |      |
|      |      |      |      |      |      |
|      |      |      |      |      |      |
|      |      |      |      |      |      |
|      |      |      |      |      |      |
|      |      |      |      |      |      |
|      |      |      |      |      |      |

| 日期 | 項目 | 收入 | 支出 | 餘額 | 備註 |
|------|------|------|------|------|------|
|      |      |      |      |      |      |
|      |      |      |      |      |      |
|      |      |      |      |      |      |
|      |      |      |      |      |      |
|      |      |      |      |      |      |
|      |      |      |      |      |      |
|      |      |      |      |      |      |
|      |      |      |      |      |      |
|      |      |      |      |      |      |
|      |      |      |      |      |      |
|      |      |      |      |      |      |
|      |      |      |      |      |      |
|      |      |      |      |      |      |
|      |      |      |      |      |      |
|      |      |      |      |      |      |
|      |      |      |      |      |      |
|      |      |      |      |      |      |
|      |      |      |      |      |      |

| 日期 | 項目 | 收入 | 支出 | 餘額 | 備註 |
|------|------|------|------|------|------|
|      |      |      |      |      |      |
|      |      |      |      |      |      |
|      |      |      |      |      |      |
|      |      |      |      |      |      |
|      |      |      |      |      |      |
|      |      |      |      |      |      |
|      |      |      |      |      |      |
|      |      |      |      |      |      |
|      |      |      |      |      |      |
|      |      |      |      |      |      |
|      |      |      |      |      |      |
|      |      |      |      |      |      |
|      |      |      |      |      |      |
|      |      |      |      |      |      |
|      |      |      |      |      |      |
|      |      |      |      |      |      |
|      |      |      |      |      |      |
|      |      |      |      |      |      |

翻轉學 翻轉學系列 124

小大人的理財素養 2
## 【漫畫圖解】未來不為錢煩惱的致富養成記
從小建立正確理財觀，投資屬於你的美好人生

| | |
|---|---|
| 作　　　　　者 | 江季芸 |
| 繪　　　　　者 | 郭侑菱 |
| 封 面 設 計 | FE 工作室 |
| 內 文 排 版 | 黃雅芬 |
| 主　　　　編 | 陳如翎 |
| 行 銷 企 劃 | 魏玟瑜 |
| 出版二部總編輯 | 林俊安 |

| | |
|---|---|
| 出　　版　　者 | 采實文化事業股份有限公司 |
| 業 務 發 行 | 張世明・林踏欣・林坤蓉・王貞玉 |
| 國 際 版 權 | 施維真・劉靜茹 |
| 印 務 採 購 | 曾玉霞・莊玉鳳 |
| 會 計 行 政 | 李韶婉・許俶瑀・張婕莛 |
| 法 律 顧 問 | 第一國際法律事務所　余淑杏律師 |
| 電 子 信 箱 | acme@acmebook.com.tw |
| 采 實 官 網 | www.acmebook.com.tw |
| 采 實 臉 書 | www.facebook.com/acmebook01 |

| | |
|---|---|
| I　S　B　N | 978-626-349-539-5 |
| 定　　　　價 | 430 元 |
| 初 版 一 刷 | 2024 年 1 月 |
| 初 版 三 刷 | 2024 年 5 月 |
| 劃 撥 帳 號 | 50148859 |
| 劃 撥 戶 名 | 采實文化事業股份有限公司 |
| | 104 台北市中山區南京東路二段 95 號 9 樓 |
| | 電話：(02)2511-9798　傳真：(02)2571-3298 |

國家圖書館出版品預行編目資料

漫畫圖解 未來不為錢煩惱的致富養成記：從小建立正確理財觀，
投資屬於你的美好人生 / 江季芸著；郭侑菱繪 . -- 初版 . -- 台北市：
采實文化事業股份有限公司 , 2024.01
208 面；17×23 公分 . --（翻轉學系列；124）（小大人的理財素養；2）
ISBN 978-626-349-539-5（平裝）

1.CST: 親職教育 2.CST: 理財 3.CST: 漫畫

528.2　　　　　　　　　　　　　　　112020428

翻轉學

翻轉學